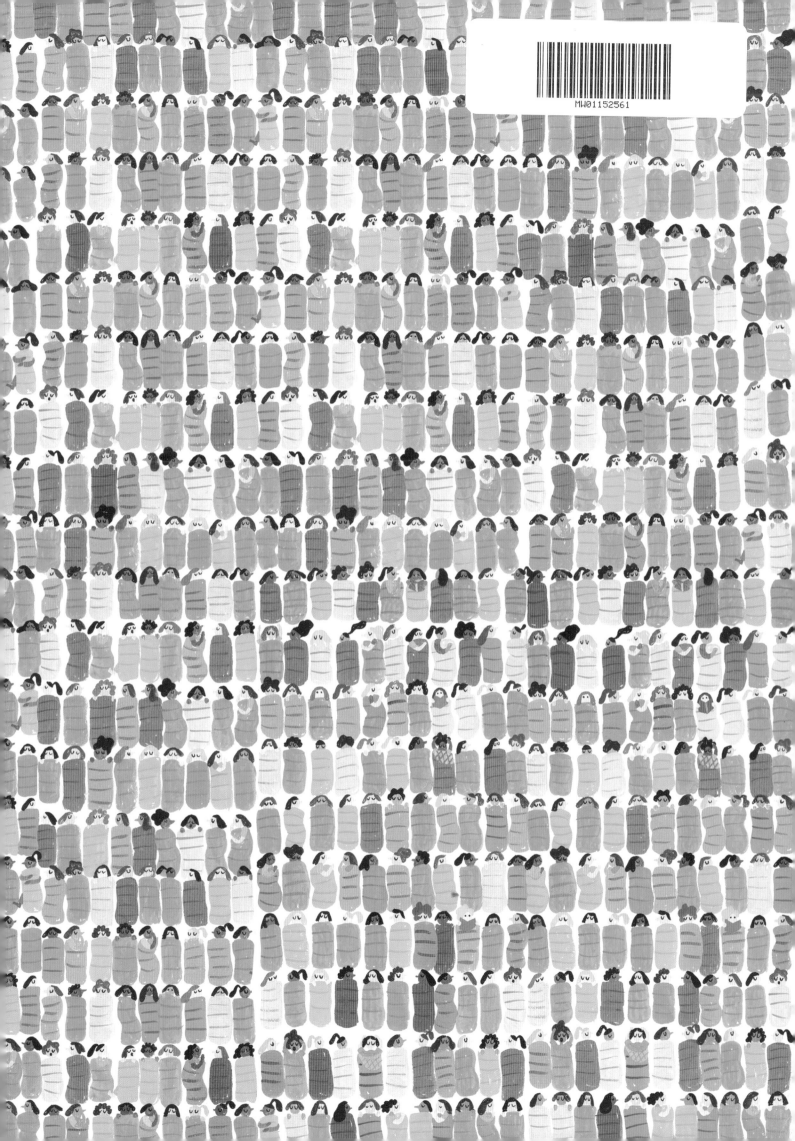

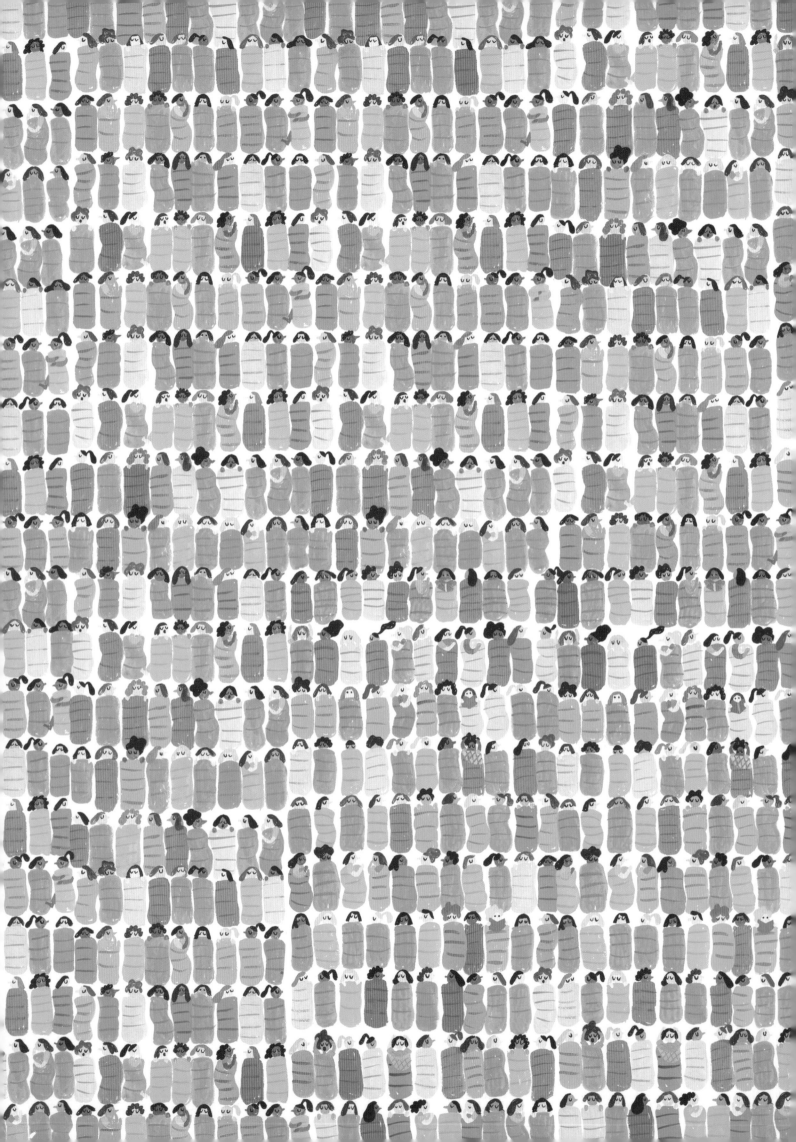

Cuentos para leer en 5 minutos

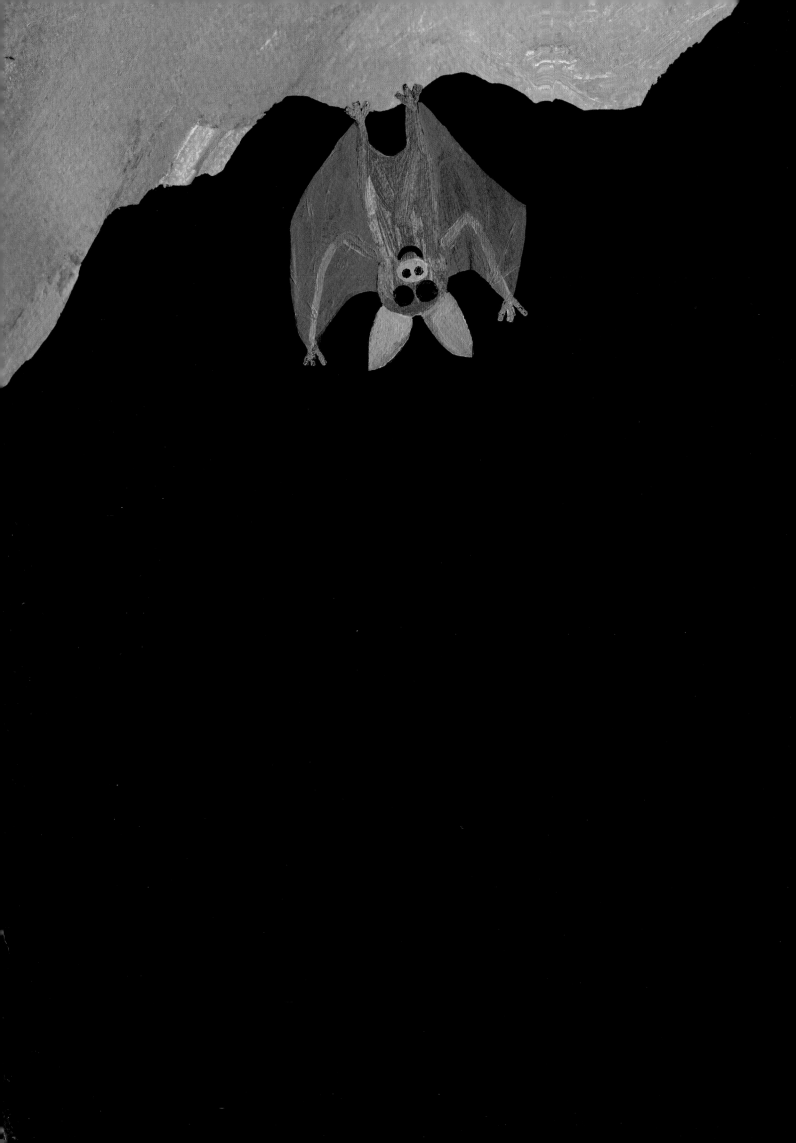

Cuentos para leer en 5 minutos

Traducción de **Mireia Rué**

MOLINO

Sumario

¿Por qué dormimos?

Los humanos invertimos gran parte de nuestro tiempo en dormir. De hecho, los niños se pasan prácticamente la mitad de sus vidas durmiendo. ¿Por qué? Pues porque su cuerpo lo necesita. Dormir es tan importante como comer y hacer ejercicio.

¡Bostezo!

Cuando estamos cansados, nos pesan los ojos y empezamos a bostezar.

¿Alguna vez os habéis preguntado por qué dormimos por la noche en lugar de hacerlo durante el día? No podemos verlo, pero nuestro cuerpo tiene un reloj que está sincronizado con el sol y que sabe en cada momento si es de noche o de día. Al anochecer, cuando oscurece, nuestro cerebro nos dice que ya es hora de meternos en la cama. Aun así, no todos necesitamos acostarnos a la misma hora...

Las alondras se despiertan temprano para entonar su canto.

¡PÍO! ¡PÍO!

A algunos nos gusta acostarnos temprano y despertarnos a primera hora. Por eso a veces se nos llama «alondras», porque estos pájaros empiezan a cantar en cuanto asoma el primer rayo de sol.

También hay personas a las que les gusta acostarse tarde y levantarse una vez transcurrida la mañana. A menudo se las llama «búhos», porque son seres nocturnos y están muy activos por la noche.

¿Cuál de los dos tipos eres tú?

¡HUUU! ¡HUUU!

Los búhos aparecen por la noche.

Así pues, ¿en qué consiste exactamente dormir? El sueño es un estado natural de descanso en el que nuestra conciencia de lo que ocurre alrededor se apaga. A lo largo de la noche, se van repitiendo diferentes fases del sueño.

3
Soñamos durante la fase REM del sueño. (REM, en inglés, significa movimientos oculares rápidos).

2
Antes, sin embargo, nos relajamos: la temperatura de nuestro cuerpo cae, el ritmo de nuestra respiración se vuelve regular y entramos en el sueño profundo. Es entonces cuando nuestro cuerpo se recupera del esfuerzo del día.

1
La mayoría necesita siete minutos aproximadamente para pasar de un estado de vigilia a un sueño ligero.

La mayor parte de nosotros suele preferir dormir en una posición determinada. He aquí algunas de las más habituales. ¿Cuál prefieres tú? ¿O eres de los que se pasan la noche cambiando de postura?

El soldado

En caída libre

La estrella de mar

En posición fetal

El tronco

El nostálgico

Dormir influye, de formas sorprendentes, en cada una de las diferentes partes de nuestro cuerpo. ¡Nuestro cerebro, por ejemplo, se limpia mientras dormimos! Aquí tenéis otras posibles cosas en las que os beneficiará dormir bien por la noche.

Calma las emociones

Ayuda a memorizar nuevas habilidades

Convierte en recuerdos lo que hemos vivido durante el día

Combate las infecciones

Nos cura la piel

Mantiene nuestro corazón saludable

Ayuda a que nos crezcan las uñas

Ayuda a fortalecer los huesos y los músculos

11

Y aún puede ocurrirnos un montón de cosas curiosas mientras dormimos...

Casi todos los niños roncan en algún momento, sobre todo si están resfriados. Y uno de cada diez ronca todas las noches. Ocurre cuando algo bloquea el paso del aire por la garganta. Puede ser por la lengua o las vías respiratorias, que, al relajarse mientras nos dormimos, vibran como un instrumento musical.

¿Alguna vez habéis tenido la sensación de que os caíais de la cama? Suele ocurrir cuando conciliamos el sueño y nos despertamos de repente. Los científicos creen que esto sucede porque, cuando nuestros músculos se relajan, nuestro cerebro se confunde y convence de que estamos cayendo, así que trata de evitarlo.

¡Blabla-blá!

Los niños suelen hablar en sueños más que los adultos. A veces dicen cosas con sentido. ¡Incluso se puede llegar a mantener una conversación con ellos! Sin embargo, cuando duermen muy profundamente, sus palabras acostumbran a ser un galimatías.

Cerca del 15% de los niños es sonámbulo y, cuando no duermen lo suficiente, aún es más probable que caminen estando dormidos. Algunas veces, tan solo se quedan sentados en la cama; otras, en cambio, se pasean por toda la casa.

¿Qué son los sueños?

Los sueños son algo misterioso. Son imágenes e historias que crea nuestra mente mientras dormimos. A veces son fascinantes, otras dan miedo y, en ocasiones, ¡simplemente son raras!

Cada noche podemos llegar a tener hasta siete sueños distintos. Los científicos creen que incluso soñamos ya estando en el útero de nuestra madre. Olvidamos casi todos nuestros sueños. Lo curioso es que, si nos despertamos en mitad de un sueño, resulta más probable que lo recordemos.

Como es muy difícil estudiar los sueños, todavía hay muchos aspectos que no comprendemos. Los científicos están tratando de descubrir exactamente para qué sirven los sueños.

Soñamos durante la fase del sueño llamada REM («movimientos oculares rápidos» o *rapid eye movement*, en inglés). He aquí lo que ocurre:

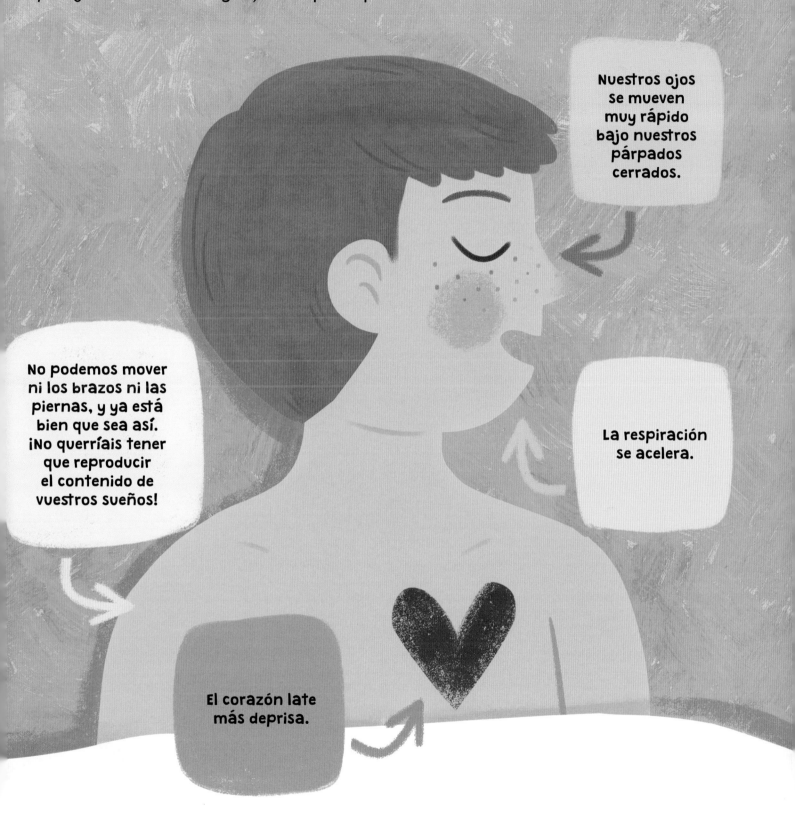

Nuestros ojos se mueven muy rápido bajo nuestros párpados cerrados.

No podemos mover ni los brazos ni las piernas, y ya está bien que sea así. ¡No querríais tener que reproducir el contenido de vuestros sueños!

La respiración se acelera.

El corazón late más deprisa.

Cuando acabáis de acostaros, vuestros sueños suelen durar solo unos pocos minutos; en cambio, al final de la noche, podéis soñar hasta media hora seguida. En cualquier caso, el lugar en el que ocurren las cosas más fascinantes mientras dormís es vuestro cerebro.

Puede que esta imagen os parezca un revoltijo de salchichas rosadas, pero ¡se trata de vuestro cerebro! Mientras soñáis, tenéis activas todas las partes del cerebro; sin embargo, hay un área que está especialmente ocupada. Se llama «sistema límbico» y controla las emociones (como el enfado, la tristeza y la alegría). Tal vez por eso revivamos en sueños los momentos en los que hemos experimentado sentimientos.

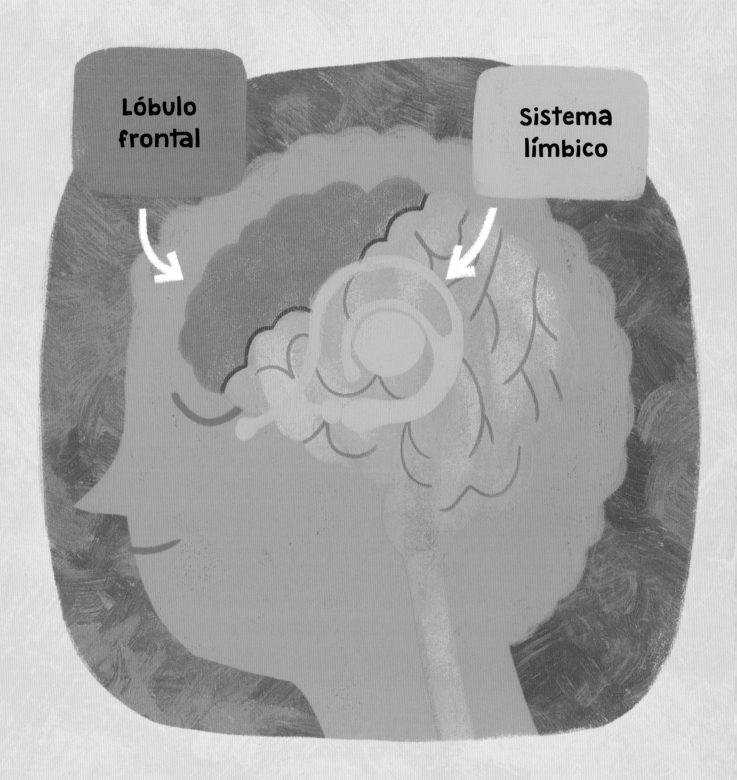

El lóbulo frontal es la parte «sensata» del cerebro y, cuando soñamos, está mucho menos activa. Esta podría ser la razón de que, a veces, los sueños sean tan disparatados.

El cerebro, por tanto, se halla muy activo mientras soñamos, pero de un modo distinto a si estamos despiertos. Los científicos creen que cuando dormimos nuestro cerebro conecta todo lo que hemos aprendido durante el día con lo que ya sabíamos. Esto podría explicar el hecho de que, de repente, al despertar, ¡se nos ocurra la solución a algún problema difícil!

«Yesterday», de los Beatles, es una de las canciones de mayor éxito que se hayan escrito jamás. Y ¡empezó como un sueño! Paul McCartney soñó la melodía, se despertó y se fue corriendo al piano antes de que se le olvidara. ¡Imaginad lo que podríais llegar a hacer con vuestros sueños!

Esta página, procedente de un libro de sueños egipcio, se expone en el Museo Británico de Londres. Está un poco raída, pero ¡es que tiene 3.200 años!

Los sueños y su significado siempre nos han fascinado. Los antiguos egipcios creían que los enviaban los dioses. Acudían a los templos del sueño para pedirles que les mandaran ensoñaciones que les ayudaran a resolver sus problemas. Sin embargo, los mensajes que estos encerraban no eran fáciles de comprender. Algunas personas incluso los iban anotando para tratar de dilucidar su significado.

La Biblia contiene varios ejemplos de sueños que le hablan a la gente del futuro. Es conocida la historia protagonizada por José, un hombre de túnica colorida que sabía interpretar los sueños.

En la antigua China, la gente usaba el manual *La interpretación de los sueños a car del duque de Zhou* para comprender lo que estos significaban. Si alguien soñaba con un tigre o una serpiente, se consideraba que era afortunado.

Se cree que los atrapasueños (o «cazadores de sueños») son originarios del pueblo de los ojibwa de Canadá y Estados Unidos. Estas gentes colgaban los atrapasueños encima de la cama, convencidas de que estos quedarían prendidos en la red. Los atrapasueños dejaban que los sueños positivos cayeran sobre la persona que dormía debajo y capturaban las pesadillas, que, a la mañana siguiente, eran destruidas por la luz del sol.

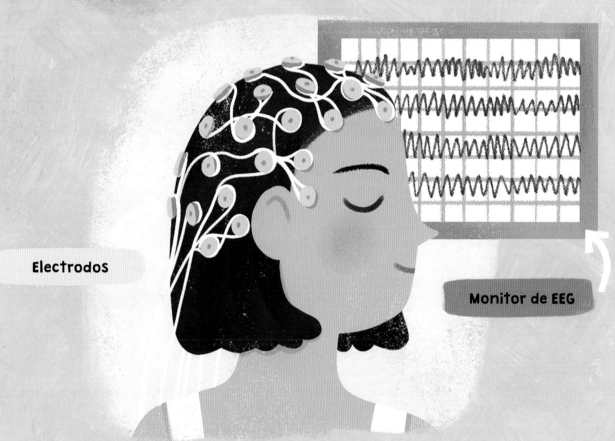

Electrodos

Monitor de EEG

Los científicos tratan de comprender mejor nuestros sueños más habituales usando una máquina llamada EEG (electroencefalograma), que es capaz de medir lo que ocurre en nuestro cerebro mientras estamos soñando. Tal vez un día algún científico consiga inventar una máquina que sepa interpretar los sueños.

Hora de acostarse

Los niños necesitan dormir mucho más que los mayores. Eso se debe a que todavía están creciendo y sus cerebros se hallan en desarrollo en todo momento. ¿Os vais a la cama lo bastante temprano para dormir lo suficiente? Fijaos en cuánto tiempo recomiendan los científicos que permanezcáis sumergidos en el país de los sueños...

0-12 meses: hasta 17 horas

1-2 años: 11-14 horas

3-5 años: 10-13 horas

14-17 años: 8-10 horas

6-13 años: 9-11 horas

Adultos: 7-9 horas

Podemos hacer un montón de cosas para dormir bien por la noche. Hacer ejercicio durante el día ayuda. Es recomendable no comer chocolate poco antes de acostarse, porque contiene cafeína y eso nos despertaría. También ayuda tomarse un tiempo para relajarse antes de meterse en la cama.

Dejad los aparatos electrónicos lejos de la cama antes de acostaros. La luz azulada que desprenden puede despistar a vuestro cerebro haciéndole creer que está amaneciendo, y eso os impedirá dormir bien.

Los baños calientes son muy recomendables porque relajan. ¡Qué curioso! Con el agua caliente, la sangre fluye hacia la piel. Eso apacigua nuestro cuerpo y nos ayuda a dormir mejor.

Leer un libro es un modo excelente de relajarse, ¡sobre todo si es este!

Los rompecabezas son buenos para calmar la mente.

Tratad de acostaros a la misma hora todas las noches.

Escuchar una nana puede ayudar a relajaros y a inducir el sueño.

¿Se os ocurren otros modos de relajaros? ¿Contar ovejas? Creíamos que eso ayudaba a dormir, pero ¡los científicos han descubierto que no es así! Al parecer, es mejor imaginar un agradable paseo, quizá por la playa o por el bosque. ¿Adónde os llevaría vuestro recorrido imaginario?

¡Dormilones de campeonato!

¿Sois los corredores más rápidos de la escuela? ¿O quizá los más traviesos, los más fuertes o los que llevan el pelo más largo? ¡Eso es fantástico! Pero ¿y si fuerais los mejores del país o incluso… del mundo entero?

Entonces, vuestro nombre aparecería recogido en el *Libro Guinness de los récords*: está repleto de gente y de cosas que destacan por ser las mejores en algo. Para conseguir un récord, hay que invertir mucho tiempo, práctica y energía, aunque algunos, bueno, se logren simplemente durmiendo.

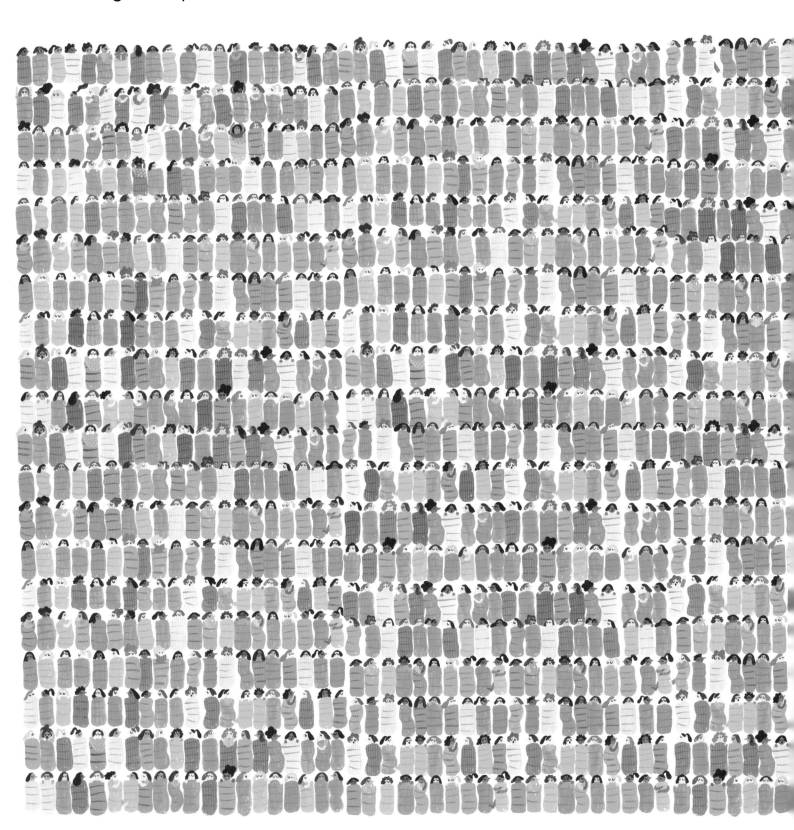

El 27 de septiembre de 2014, en Chesire, Inglaterra, 2.004 niñas exploradoras se reunieron para celebrar la fiesta de pijamas más multitudinaria del mundo. Y ¿qué mejor lugar para hacerlo que una enorme tienda dispuesta en el Zoo de Chester? El objetivo era que las niñas durmieran al menos cinco horas seguidas si querían superar el récord mundial existente, que ostentaban 1.626 exploradoras de Kent. ¡Había mucha presión! Empleados del *Libro Guinness de los récords* se aseguraron de que las participantes cumplieran las reglas exigidas y, a la mañana siguiente, declararon que el conjunto de niñas, de 7 a 10 años, ¡había batido el récord mundial!

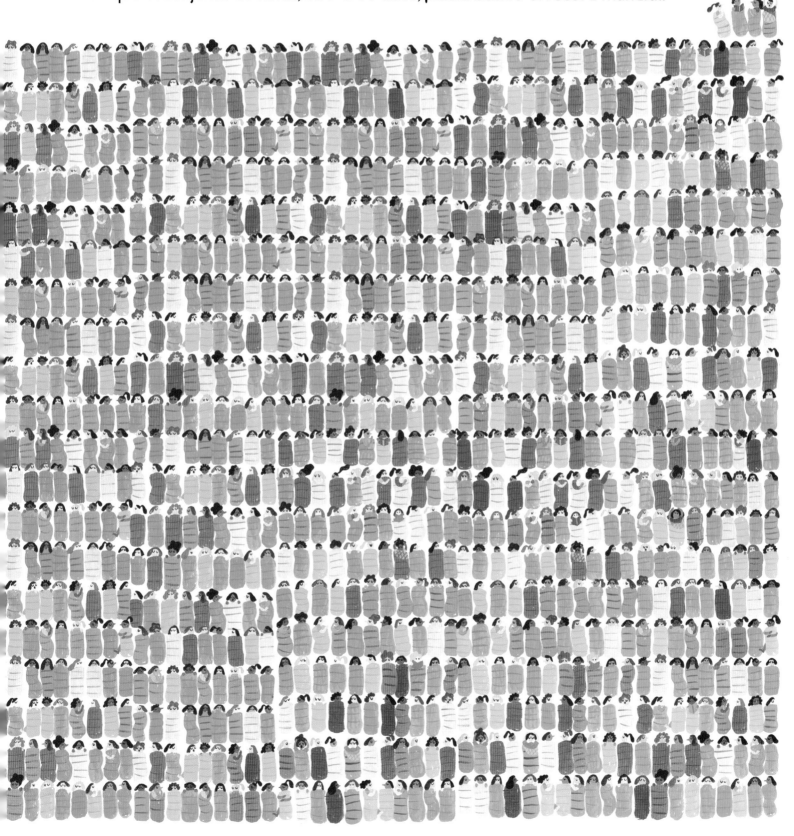

¿Alguna vez habéis echado una cabezadita? Probablemente lo hayáis hecho: decimos que echamos una siesta cuando dormimos un rato durante el día, como hacen los gatos. Los gatos duermen unas 15 horas diarias. ¡Qué holgazanes, ¿verdad?! Pues eso no es nada comparado con las cabezadas que se echa el animal más dormilón del mundo: el pequeño murciélago café. ¡Chist, no lo despertéis!

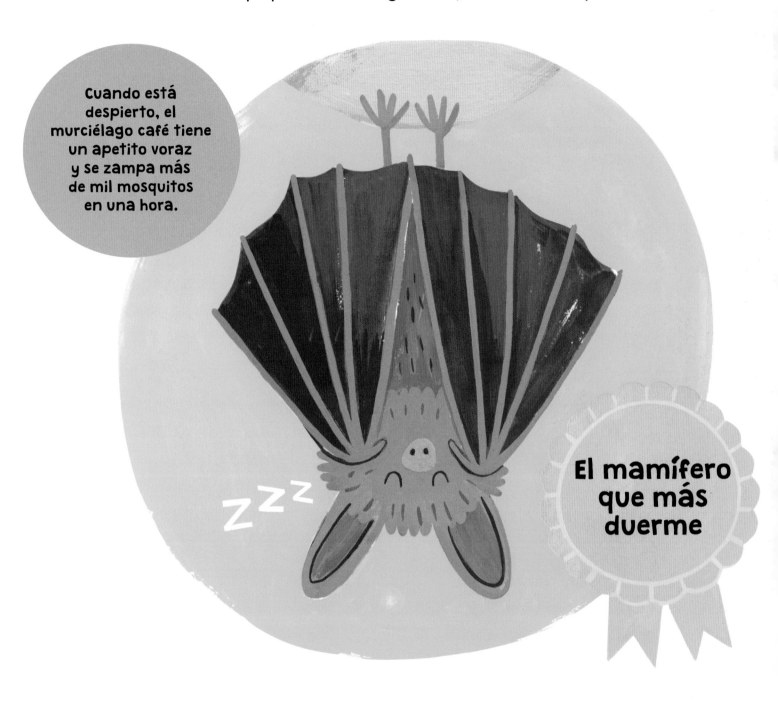

Cuando está despierto, el murciélago café tiene un apetito voraz y se zampa más de mil mosquitos en una hora.

El mamífero que más duerme

Este mamífero diminuto se cuelga en las cuevas y los bosques de Norteamérica. Y no se lo conoce como el «pequeño» murciélago café por casualidad: solo mide 9 centímetros de largo (casi lo mismo que un lápiz de cera). Y tampoco pesa mucho más. En cualquier caso, al ser una criatura tan pequeña, necesita dormir como un campeón. Se pasa cerca de 20 horas al día inmerso en el país de los sueños.

Por el contrario, el mamífero que menos tiempo permanece con los ojos cerrados es… (por favor, que se oiga un sonido de trompetas) ¡el elefante africano!

En 2016, los científicos estudiaron a dos elefantes salvajes del sur de África para poder averiguar más cosas sobre el sueño de estas criaturas tan enormes. Les colocaron un localizador especial bajo la piel de la trompa y descubrieron que solo dormían dos horas al día, ¡como mucho! De qué modo consiguen estar sanos durmiendo tan poco es un misterio.

El mamífero que menos duerme

El 6 de agosto de 1961, Gherman Titov, de Rusia, no conseguía quedarse dormido. Se encontraba mal (se había mareado, para ser exactos), lo cual no era de extrañar. ¡Justo en ese momento estaba girando alrededor de la Tierra a bordo de su nave espacial soviética, Vostok 2!

La primera persona en dormir en el espacio

Cada vez que el indispuesto «cosmonauta» (la versión rusa de un «astronauta»)
intentaba dormir, sus manos lo molestaban: flotaban por encima de su cuerpo
en un ambiente sin gravedad. Tras sujetarse sus miembros lacios con el cinturón,
Titov consiguió por fin dormir.

Al término de su misión, Titov había orbitado alrededor de la Tierra un total de
18 veces. Al hacerlo, no obstante, consiguió batir un récord mundial especialmente
asqueroso. Además de ser la primera persona en dormir en el espacio, Titov fue
también el primero en vomitar allí. ¡Puaj!

Pero el récord mundial oficial para el ronquido más escandaloso lo ostenta Kåre Walkert. Sus ronquidos y bufidos le valieron nada menos que ingresar en el *Libro Guinness de los récords*, que ganó en Suecia en 1993. Sus resoplidos alcanzaron los 93 decibelios, siendo ¡tan escandalosos como una cortadora de césped!

Aun así, una mujer de Gran Bretaña superó ese récord. La grabaron mientras dormía y sus ronquidos alcanzaron los 111,6 decibelios: ¡más ruidosos que un avión a reacción volando bajo! Esos ronquidos salieron de la boca de Jenny Chapman, una abuela que admite haber sido una roncadora de campeonato desde que tiene memoria.

Un decibelio es el modo en que medimos los ruidos. Cuanto menor sea el número de decibelios alcanzado, más silencioso es el sonido. En resumidas cuentas, un ruido de 10 decibelios es tan silencioso como el crujido de una hoja seca y uno de 110 decibelios, tan escandaloso como una motosierra ensordecedora.

El roncador más ruidoso de Gran Bretaña

Su marido asegura que dormir en la misma habitación que Jenny es como pasar la noche en un zoo. Así describe sus diversos ronquidos: «Hay uno que es como el rugido de un león; otro, como la trompa de un elefante y, a veces, hace ese ruido tan típico de los orangutanes». ¡Quizá haya llegado la hora de que alguien invente por fin los tapones más potentes del mundo para los oídos!

Camas que baten récords

¿Os gustaría dormir en la cama más amplia del mundo? ¿O quizá prefiráis echar una cabezadita en la colcha de retazos más grande? Desde una cama deslumbrante cubierta de joyas hasta un colchón mugriento que descansa en una cueva: todas las camas de esta asombrosa colección ostentan algún récord mundial.

¿Cuán cómoda es vuestra cama? Es muy probable que durmáis sobre un buen colchón, en una casa calentita y seca. Pero imaginad lo que sería vivir en una cueva oscura y húmeda, hace miles de años, antes de que se hubieran inventado las camas. ¿En dónde habríais dormido?

La respuesta puede hallarse en KwaZulu-Natal, en Sudáfrica, en una cueva en la que los científicos han descubierto la cama más antigua del mundo. Bueno, en realidad es más bien un colchón hecho a base de hierbas y plantas frondosas machacadas hasta conseguir una superficie cómoda y mullida. Y los avispados creadores de camas del pasado la recubrieron con hojas procedentes de un árbol que repele los insectos, probablemente para evitar que los piojos y los mosquitos se acercaran por la noche y les picaran.

Al examinar el interior de ese colchón de 77.000 años, los científicos se llevaron una sorpresa: estaba elaborado a partir de muchos lechos, dispuestos en varias capas. Esto significa que aquellos humanos iban añadiendo regularmente hojas y hierbas nuevas para mantener la cama fresca y mullida.

El colchón
más antiguo
del mundo

Los científicos también descubrieron que cuando la cama estaba demasiado sucia, los humanos le prendían fuego para deshacerse del material estropeado y volvían a preparar una nueva.

El viejo colchón de hierbas era lo bastante grande como para que toda la familia durmiera en él. Y no solo durmiera: al encontrar herramientas de piedra y pequeños pedazos de hueso, los científicos dedujeron que la familia que vivía dentro de la cueva ¡también desayunaba en la cama!

Las camas con dosel cuentan con cuatro postes, uno en cada esquina. Estos postes sostienen un techo del que cuelgan unas cortinas; por la noche, si se cierran, crean una estancia pequeña y acogedora. En la actualidad, no hay demasiadas personas que duerman en este tipo de cama y, en el pasado, solo los muy ricos lo hacían. Si hubierais sido uno de esos ricachones de otros tiempos, esa cama con cortinas os habría venido de perlas. Las cortinas no solo proporcionaban privacidad, sino que evitaban que el aire frío se colara dentro. ¡Qué cómodo, ¿no?!

La cama con dosel más grande del mundo

Según cuenta una historia, en la Gran Cama dormían 12 carniceros con sus esposas.

La mayor cama con dosel del mundo (y probablemente, también la más antigua) se expone en el Museo Victoria and Albert de Londres. Recibe el nombre de *The Great Bed of Ware* (la Gran Cama de Ware) y es lo bastante grande como para acoger a ocho adultos. ¿Por qué querría alguien construir una cama tan grande? Bueno, en la década de 1590, los posaderos de Ware, en Hertfordshire, decidieron atraer a los viajeros de Londres para que se alojaran allí. Con ese propósito, le pidieron al carpintero del pueblo que construyera esa enorme atracción turística.

La cama se hizo muy famosa. Incluso Shakespeare la menciona en su obra de teatro *Noche de reyes*.

¿Necesitáis dormir laaaaaargo y tendido? Entonces ¡tratad de hacerlo en la cama más grande del mundo! Se construyó para el festival de verano de Sint Gregorius, en Hertme, Holanda, y mide casi lo mismo que una cancha de baloncesto.

La cama más grande del mundo

La colcha de retazos más grande del mundo

Y ¿qué mejor para la cama más grande del mundo que… la colcha de retazos más grande del mundo? Se confeccionó en Portugal en el año 2000 y se llama *Manta da Cultura*, que significa «manta de la cultura». ¡Ocupa tanto como tres campos de fútbol juntos!

En Gloucestershire, Inglaterra, había dos perros que vivían bajo un techo muy extravagante. En 2008, el propietario de los canes de raza Gran Danés pagó la desorbitada cifra de unos 290.000 euros para construirles una casa de lujo con dos habitaciones, camas con temperatura controlada y colchas de confortable piel de oveja. La casa también contaba con una sala con televisor de plasma, un área de juegos y un baño-spa para el tratamiento de belleza de los chuchos.

La casita de perros más cara

Pero la cama más cara —y, probablemente, también la más brillante— del mundo se halla recubierta por 802.903 cristales Swarovski. Se descubrió en China en 2009 y se llama K.mooi Crystal Noir Limited Edition. Si soñáis con dormir algún día en esta brillante y deslumbrante cama de ensueño, seguid soñando. ¡Os costaría nada menos que 314.000 euros, dinero más que suficiente para compraros una casa!

La cama más valiosa del mundo

Pues aquí la tenéis: ¡una selecta colección de camas que superan récords mundiales! ¿Cuál elegiríais para echaros una buena siesta? Dulces sueños cualquiera que sea vuestra elección. ¡Quizá consigáis batir el récord mundial a la cabezada más larga!

Las camas del faraón Tutankamón

En el antiguo Egipto, a los reyes se los llamaba «faraones» y se les creía dioses que vivían en la Tierra. Uno de ellos fue Tutankamón (el rey Tut). Llegó al trono hace unos 3.000 años, cuando tenía solo nueve, y murió diez años más tarde.

Los antiguos egipcios creían que, al morir, iban a otro lugar y que podían llevarse consigo una serie de cosas para el viaje.

Como el rey Tut era un faraón, a su muerte recibió un trato especial. Fue momificado, es decir, le envolvieron el cuerpo con un vendaje. También le cubrieron la cara con una máscara funeraria hecha de oro macizo; pesaba más de 10 kilos, es decir, tanto como doce copias de este libro. Colocaron al faraón en un ataúd de oro macizo que alojaron en el interior de otro ataúd chapado en oro; luego ¡metieron el conjunto en un tercer ataúd también cubierto de oro! Estos ataúdes iban dentro de un contenedor de piedra llamado «sarcófago». Al cabo, Tutankamón fue alojado en su tumba.

Además del cuerpo de Tutankamón, en su tumba dejaron todo lo que podría serle útil en su vida de ultratumba: más de 5.000 objetos, entre ellos, carros, juegos, dagas, instrumentos musicales y ¡varias camas increíbles!

Las camas que se encontraron en la tumba de Tutankamón eran todas distintas y estaban talladas y decoradas con exquisito gusto.

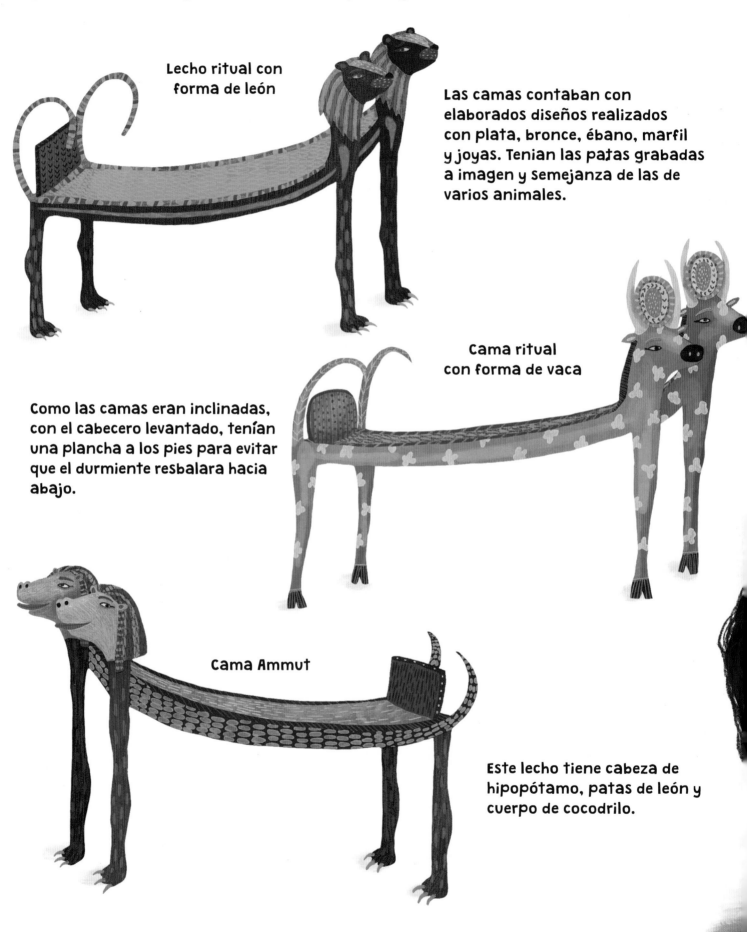

Lecho ritual con forma de león

Las camas contaban con elaborados diseños realizados con plata, bronce, ébano, marfil y joyas. Tenian las patas grabadas a imagen y semejanza de las de varios animales.

Cama ritual con forma de vaca

Como las camas eran inclinadas, con el cabecero levantado, tenían una plancha a los pies para evitar que el durmiente resbalara hacia abajo.

Cama Ammut

Este lecho tiene cabeza de hipopótamo, patas de león y cuerpo de cocodrilo.

Este reposacabezas de marfil muestra al dios egipcio Shu, flanqueado por dos leones dormidos.

En la tumba de Tutankamón se encontraron cuatro reposacabezas singulares. Estaban hechos de marfil, oro y cristal.

Los antiguos egipcios usaban reposacabezas en lugar de almohadas. Les colocaban cojines de lino encima para que fueran más cómodos. Los reposacabezas permitían que el aire circulara alrededor del cuello y la cabeza del durmiente, evitando que pasara calor. También protegían sus elegantes peinados e impedían que los bichos les treparan hasta la cara.

Una de las camas encontradas en la tumba de Tutankamón se considera como la primera cama de campaña en forma de Z de la historia. Eso significa que, cuando se dobla, se parece a una pequeña letra z. La hicieron especialmente para el faraón y es la única que se ha encontrado en una tumba.

A pesar de ser una cama de campaña, resulta elegante, cómoda y firme. Sus patas representan las de un león, con sus garras. A los antiguos egipcios les gustaba la idea de que poderosos leones los mantuvieran en alto mientras estaban sentados o dormían, así que a menudo usaban patas de león para sostener sus muebles.

Puede que Tutankamón se hiciera llevar esa cama plegable cuando marchaba de acampada o de caza. Las primeras camas de este tipo se doblaban por la mitad, pero esta se plegaba en tres partes; así a los sirvientes les resultaba más fácil cargar con ella, aunque… siga pareciendo bastante pesada.

Cabe la posibilidad de que Tutankamón tuviera esa cama de campaña por otra razón. Cuando se marchaba de viaje por sus dominios, sin duda querría dormir en un lecho confortable, pero no había mucha gente que dispusiera de cama en el antiguo Egipto. O tenían un colchón hecho de paja o dormían en un catre de hojas de palmera. ¡Y probablemente, al faraón no le impresionaran ninguno de los dos!

Camas del mundo entero

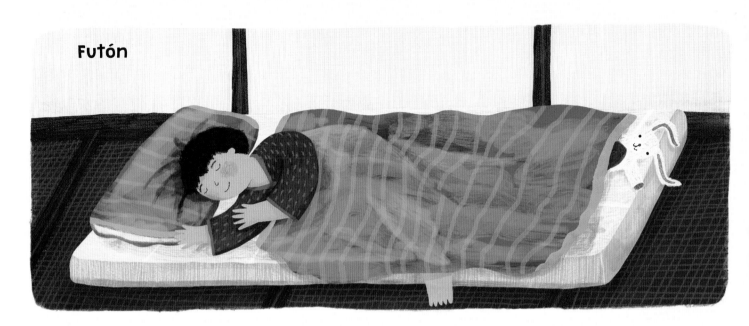

Futón

Un futón es una cama japonesa tradicional. La palabra «futón» describe dos partes: el fino *shikibuton*, el colchón que sirve de base, y el *kakebuton*, que da nombre a una colcha gruesa. Por la mañana, ¡esas dos partes se pueden doblar y guardar en un armario! Es muy práctico cuando no se tiene mucho espacio. Los futones suelen colocarse encima de un tatami que se hace de hierba y paja de arroz para que resulte más cómodo.

Charpoy

Charpoy significa «cuatro patas», exactamente las que tiene esta cama tradicional de la India. Suele estar hecha de madera de mango. El área para dormir está tejida a mano y elaborada a base de algodón, fibra de coco u hojas secas. El entramado, muy suelto, deja que el aire fluya desde abajo y mantiene la cama fresca y en buen estado, algo muy útil en un país tan caluroso como la India.

Cama con mosquitera

En algunas partes de África, Asia, Centroamérica y América del Sur, se usa una tela fina para evitar el contacto con los molestos mosquitos, cuya picadura puede transmitir enfermedades. ¿Y qué mejor modo de mantenerlos a raya que colgando una tela sobre la cama y rodeándote con ella? Además, le da un aspecto adorable a la habitación.

Cama de agua

En 1833, un médico escocés inventó la cama de agua para sus pacientes. Estas camas eran como una enorme almohada de plástico llena de agua caliente. No resultaban nada firmes: ¡cada vez que te movías, provocabas una ola en el interior del colchón! Las versiones posteriores se han creado a partir de compartimentos estancos de agua y aire para que sean menos inestables.

¡Imaginaos dormir en el aire, a mucha altura del suelo! Los korowai, originarios de una provincia llamada Papúa, en Indonesia, viven en casas construidas en los árboles, muy por encima de los enjambres de mosquitos que sobrevuelan el suelo húmedo. Las casas de los árboles tienen varias habitaciones; los hombres duermen en una y las mujeres, en otra. En cada estancia se enciende un fuego alrededor del cual duerme todo el mundo. Puede parecer un poco peligroso prender fuego en una casa construida en un árbol, pero este cuelga de un agujero, de modo que si las llamas se descontrolan, enseguida lo arrojan al suelo del bosque. Las camas de los korowai consisten en una delgada capa de corteza de árbol dispuesta encima de varios tablones de madera.

¿Y qué os parece esta otra cama? Se trata de una cama china destinada para una boda: se regalaba a los novios cuando se casaban y la adornaban grabándole símbolos con objeto de desearle suerte y muchos hijos a la feliz pareja. Buena parte de estas camas antiguas todavía existen hoy en día, aunque las actuales sean mucho más sencillas.

Cama de boda china

Esterilla de junco

En Sudáfrica, algunos zulúes duermen en cabañas con forma de colmena llamadas *indlu*. Tradicionalmente, se acostaban en el suelo de sus cabañas, sobre esterillas muy delgadas hechas de juncos y cubiertas con pieles de animales. Usaban un banquito de madera para apoyar la cabeza.

Cama en un iglú

Es probable que penséis que uno debe de helarse durmiendo en un iglú, pero lo cierto es que resultan sorprendentemente cálidos. Los iglús son el lugar donde los inuit, los esquimales que viven en las tierras del norte, se refugian cuando van de caza. Están hechos de ladrillos de hielo, con varios niveles, en cuyo centro se enciende un fuego. El nivel superior, el más caliente, es donde duermen los inuit. Se echan sobre una esterilla elaborada a base de ramitas y se tapan con gruesas pieles de animales.

¡Cuántos tipos de camas distintos! ¡Resulta asombroso! Y a vosotros, ¿en qué lugar del mundo os gustaría dormir?

¡Caliente como una tostada!

En el norte de China los inviernos son largos y fríos. Por suerte, hace más de 2.500 años, a alguien muy brillante se le ocurrió la idea de la cama-estufa Kang, un invento muy ingenioso que ¡te prepara la cena mientras te calienta los pies! Y es tan acertado que hoy en día todavía se fabrica y se usa.

La palabra *Kang* significa «seco» y, en efecto, la cama-estufa Kang resulta muy útil a la hora de eliminar la humedad. Reparte el calor por toda la casa, te permite cocinar en un extremo de ella, y puedes usarla como mesa o silla; y, lo mejor de todo, ¡para dormir es ideal! La cama-estufa Kang es un lugar fantástico donde los miembros de la familia pueden pasar el día. Se reúnen allí para hablar, contar historias, cantar, jugar y, a veces, incluso casarse. ¿Y bien? ¿Cómo funciona la cama-estufa Kang?

El área más cercana a la estufa también es la más caliente, de modo que los miembros mayores de la familia duermen aquí.

Se enciende un fuego en la estufa. Para ello se usa madera, hierba, carbón, paja y mazorcas de maíz.

¡Hora de cocinar! En la estufa se prepara la comida y se calienta el agua para el té.

El calor que desprende la estufa se expande a través de las tuberías por debajo de la cama.

Las tuberías siguen un recorrido en forma de laberinto, lo que permite que una mayor proporción de calor se acerque a la superficie de la cama y la caliente.

El humo que desprende el fuego sale al exterior por una chimenea.

En la plataforma hay sitio para toda la familia. ¡Esperemos que nadie ronque!

Los ladrillos están recubiertos por una capa de barro. Encima se coloca un lecho de paja: de lo contrario, la superficie sería tan caliente que no se podría ni pisar. Luego se acomoda una manta acolchada de algodón y, al cabo, una sábana.

A veces se coloca una mesa Kang en la cama. Es muy útil para dejar los vasos o la comida.

Por la noche, se disponen camas tradicionales (parecidas al futón japonés) que, durante el día, se guardan enrolladas. Así la familia tiene espacio para hacer sus actividades.

A veces, bajo la cama hay cajones en donde se dejan secar las botas empapadas.

Esta plataforma está hecha a base de ladrillos. Por un lado, es un material al que le cuesta mucho calentarse, pero también tarda mucho en enfriarse. Así, los ladrillos conservan el calor durante toda la noche, aunque el fuego se haya apagado.

Dormir en el espacio

Imaginad lo que debe de suponer dormir en el espacio.
Probablemente, resulte un poco extraño: lejos de casa,
orbitando en torno a la Tierra en una nave espacial, sin
que la gravedad te mantenga sujeto al suelo.

Esto es lo que ocurre en la Estación Espacial Internacional,
(ISS, citada por sus siglas en inglés: International Space Station),
una nave enorme que, cada 90 minutos, describe una órbita
completa alrededor de la Tierra. Se halla a una altura de 420 km
respecto a la superficie del planeta y vuela a unos 27.000 km
por hora. ¡Sí, muy deprisa!

Comedor
de los
astronautas.

Esta nave lleva
a los astronautas
a la Tierra y también
de vuelta a la estación
espacial. De la Tierra a
la ISS se tarda unas seis
horas, pero de
la ISS a la Tierra,
solo tres.

El laboratorio
científico europeo
se encuentra detrás
de la nave
espacial.

Cabinas
dormitorio
con capacidad
para cuatro
astronautas.

Laboratorio
científico
de EE.UU.

Esta cúpula tiene
siete ventanas por
las que los astronauta
pueden asomarse a
la Tierra.

La Estación Espacial Internacional fue
construida por un equipo procedente de
15 países distintos con el objeto de que
los astronautas pudieran trabajar, vivir y
dormir en ella. A veces, se aprecia desde
la Tierra sin siquiera necesidad de usar un
telescopio. Es como un punto blanco que
se mueve a toda velocidad por el cielo

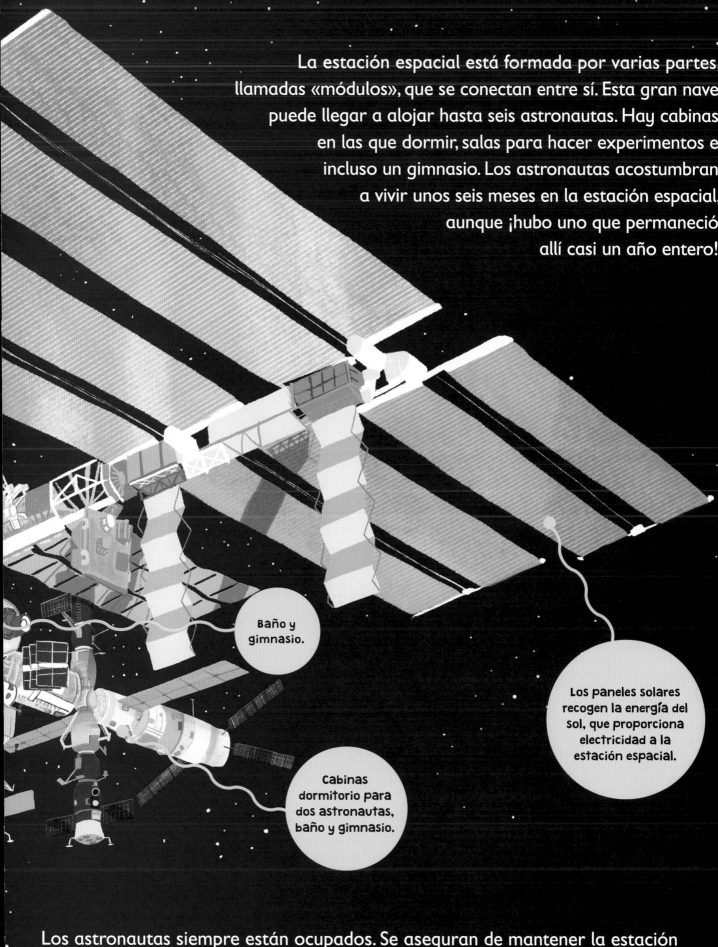

La estación espacial está formada por varias partes
llamadas «módulos», que se conectan entre sí. Esta gran nave
puede llegar a alojar hasta seis astronautas. Hay cabinas
en las que dormir, salas para hacer experimentos e
incluso un gimnasio. Los astronautas acostumbran
a vivir unos seis meses en la estación espacial,
aunque ¡hubo uno que permaneció
allí casi un año entero!

Baño y
gimnasio.

Los paneles solares
recogen la energía del
sol, que proporciona
electricidad a la
estación espacial.

Cabinas
dormitorio para
dos astronautas,
baño y gimnasio.

Los astronautas siempre están ocupados. Se aseguran de mantener la estación
espacial limpia y en perfecto funcionamiento. A veces salen a pasear por el exterior
de la nave con sus trajes espaciales. También llevan a cabo experimentos científicos.
Sus investigaciones se aplican a diario en nuestras vidas. De ahí que, después de tanto
trabajar, los astronautas necesiten dormir bien…

Pero dormir en una estación espacial no es tan fácil como hacerlo en la Tierra. La nave viaja tan deprisa alrededor de nuestro planeta que se ven **16** amaneceres y anocheceres cada día, y a los cerebros de los astronautas les resulta difícil saber cuándo es hora de acostarse. En la estación espacial hay muy poca gravedad, de modo que todo flota, incluidos los astronautas. Y, como no hay «arriba» ni «abajo», los astronautas tampoco se tumban para dormir. Así pues, tienen que «entrenar» sus cerebros y sus cuerpos para conciliar el sueño y despertarse a diario a la misma hora, para lo cual siguen una rutina estricta.

Primero, ¡hacer ejercicio! Tal vez sea divertido flotar por ahí todo el día, pero no es bueno para los músculos y los huesos de los astronautas; de ahí la importancia de practicar ejercicio durante dos horas diarias. Ejercitar el cuerpo les ayudará a dormir mejor. Para ello, pueden usar la cinta andadora o una bicicleta estática, a las que también deben atarse. Además, tienen máquinas con pesas para fortalecer los músculos.

Asimismo, los astronautas deben comer bien y hacerlo a horas fijas. Parte de su comida se halla deshidratada o seca, de modo que los astronautas le añaden agua caliente antes de consumirla.

¿Cómo se las arreglan para evitar que los alimentos salgan flotando por la nave? Los tienen en contenedores sujetos a una bandeja con velcro (un tejido que también usamos para abrocharnos los zapatos). Y las bandejas se fijan del mismo modo a una mesa.

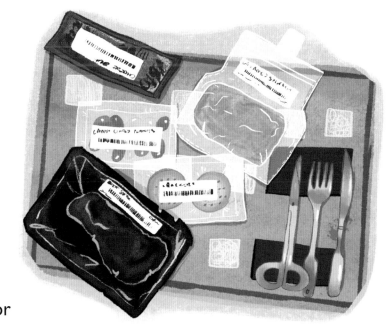

También, como nosotros, los astronautas necesitan relajarse un rato antes de irse a dormir. A veces hablan con sus familiares y amigos por email o por teléfono, pero también leen, escuchan música, juegan a algo, o simplemente disfrutan de las increíbles vistas.

Es habitual que, antes de acostarse, los astronautas tengan que ir al baño. Y hacerlo no resulta tan fácil como en la Tierra porque… ¡todo flota! Los dos retretes de la nave están muy bien diseñados: provistos de unas correas que semejan cinturones, y de un mecanismo de succión para absorber el pis y las heces. En el espacio apenas se tira nada, ¡ni siquiera el pis de los astronautas! De hecho, la orina se filtra hasta obtener agua pura y esa misma agua se usa para limpiar y beber.

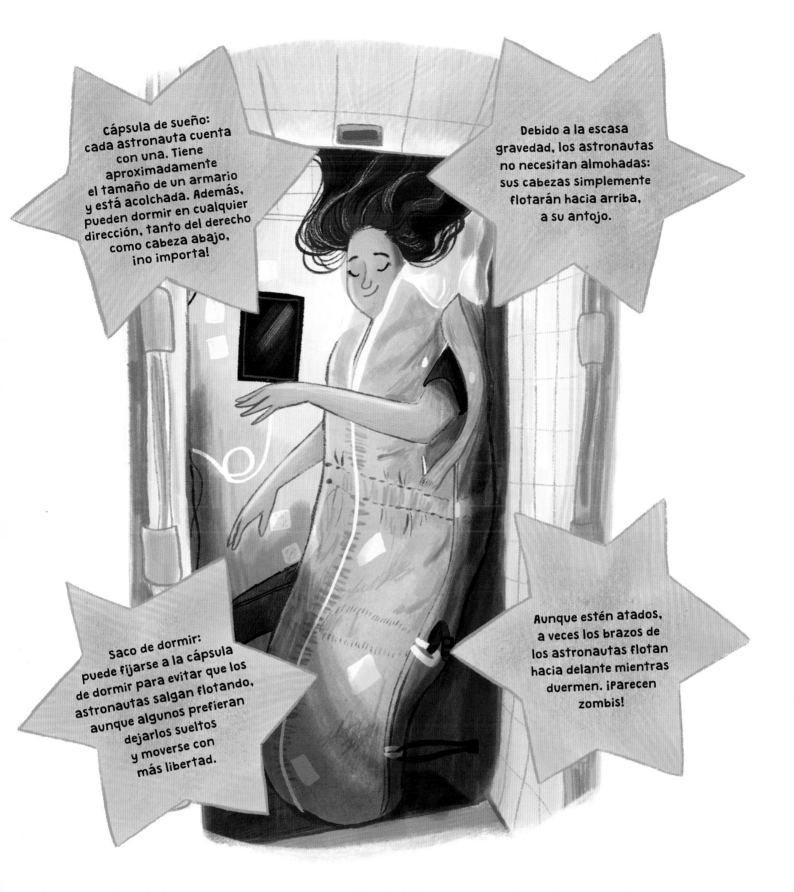

Cápsula de sueño: cada astronauta cuenta con una. Tiene aproximadamente el tamaño de un armario y está acolchada. Además, pueden dormir en cualquier dirección, tanto del derecho como cabeza abajo, ¡no importa!

Debido a la escasa gravedad, los astronautas no necesitan almohadas: sus cabezas simplemente flotarán hacia arriba, a su antojo.

Saco de dormir: puede fijarse a la cápsula de dormir para evitar que los astronautas salgan flotando, aunque algunos prefieran dejarlos sueltos y moverse con más libertad.

Aunque estén atados, a veces los brazos de los astronautas flotan hacia delante mientras duermen. ¡Parecen zombis!

La mayoría de los astronautas no usa pijama. Viste su ropa de trabajo por la noche y solo se cambia la muda cada dos días. Sus camisas de trabajo y pantalones cortos se cambian cada diez. Esto se debe a que la nave no cuenta con demasiado espacio para la ropa y, al carecer de lavadora a bordo, los astronautas tienen que hacer durar su ropa el mayor tiempo posible.

Dormir en el espacio no es tan sencillo como dormir en la Tierra, pero ¡parece mucho más divertido!

Dormir colgados

¿Existe algo más relajante que quedarse dormido en una hamaca? ¡Probablemente, no! De hecho, los científicos han demostrado que tumbarse en una hamaca que nos balancee de un lado para otro afecta a nuestro cerebro y lo ayuda a dormirse antes y más profundamente.

Las hamacas, sin embargo, no son una idea nueva. Según los historiadores, las inventaron hace más de mil años los mayas, un pueblo indígena que vivía en Centroamérica y que sigue fabricándolas hoy en día. Para ello usan un telar hecho con ramas de árboles parecido al que vemos aquí.

Las hamacas fueron un invento magnífico: eran cómodas, fáciles de colgar y, además, protegían a los mayas de las serpientes y las picaduras de las hormigas.

Hacia 1590, empezaron a usarse las hamacas en los barcos. Era un modo excelente de meter a un montón de marineros en un espacio pequeño. Y probablemente, ellos estuvieran encantados. Es mucho mejor dormir suspendido sobre las olas que encima de una cubierta de barco, dura y mojada.

Las hamacas siempre han resultado muy prácticas a la hora de viajar por la selva o el bosque. Una vez llegado el momento de acostarse, se sujeta la hamaca entre dos árboles, se coloca por encima el protector de lluvia y ¡a dormir!

En el International Highline Meeting Festival, celebrado en Italia en septiembre de 2014, cientos de personas durmieron en hamacas que pendían de cuerdas a unos 90 metros del suelo, en los Alpes italianos. Tranquilos, ¡llevaban arneses por si se caían de la cama!

¿Alguna vez habéis acabado en el suelo tras intentar en vano subiros a una hamaca? Embarazoso, ¿verdad? Para que vuestro orgullo (y trasero) permanezcan intactos, os aconsejo seguir esta sencilla guía:

1. Poneos junto a la hamaca, más o menos a la altura de la mitad de su longitud, dándole la espalda.
2. Colocad las manos en el borde de la hamaca y sentaos.
3. Aseguraos de tener el trasero en el centro de la hamaca.
4. Con un movimiento rápido, subid ambas piernas por encima del borde y dejadlas reposar en la hamaca.
5. Desplazaos un poco hasta situaros en diagonal respecto a la hamaca. Para mucha gente, esta es la postura más cómoda.

Y, finalmente…, no tenséis demasiado la hamaca cuando la colguéis. Para ser cómoda, tiene que estar holgada, como una cara sonriente y feliz.

Dormir en marcha

¿Alguna vez habéis dormido en un «coche cama», esto es, en el vagón de un tren? Vuestro convoy surca los campos a toda velocidad y atraviesa zumbando un pueblo tras otro. Luego, cuando empiezan a brillar las estrellas, os acurrucáis en vuestra acogedora cama y os dormís acunados por el traqueteo de las ruedas del tren.

Dormir en trenes se convirtió en algo muy glamuroso a partir de 1883, con la inauguración de la línea del Orient Express, que enlazaba París con Constantinopla (hoy, Estambul, en Turquía).

Mientras cenabas en el vagón restaurante, un camarero te desplegaba el sofá y te preparaba la cama. La línea del Orient Express todavía funciona en nuestros días.

Los trenes de largo recorrido han ganado cada vez mayor popularidad. No solo son más respetuosos con el planeta que los aviones, sino que los hay realmente fascinantes, y por todo el mundo. Así, se puede viajar a lo largo de Japón en el Shiki-shima, recorrer Rusia con el Golden Eagle y las Highlands de Escocia con el Royal Scotsman.

Los trenes no son el único modo de dormir en movimiento. También podéis dejaros mecer por el agua hasta dormiros. Los barcos de canal eran embarcaciones de carga que empezaron a usarse en el Reino Unido hace más de 300 años. Tiraban de ellos caballos y estaban diseñados para moverse por canales, vías de agua que se construyeron especialmente para poder transportar todo tipo de cosas, desde cemento hasta queso, arena o azúcar.

Al principio, los barcos de canal surcaban el agua tirados por caballos que avanzaban por un camino de sirga. En la actualidad funcionan a motor.

Hoy en día, todavía hay algunos barcos de canal que transportan materiales, pero la mayoría se usa solo como embarcaciones de placer. Durante el día, se navega a motor y, cuando anochece, se amarra el barco en el borde del canal. Entonces, puedes acurrucarte en la cama; ¡tal vez descubras al amanecer a una bandada de patos nadando junto a la ventana!

Y ¿qué os parecería dormir bajo el agua? La vida en un submarino puede ser emocionante, pero ahí dentro no sobra el espacio. A veces, más de 100 personas viven apretujadas en el submarino durante 60 o 80 días. Además, bajo el agua es difícil saber cuándo es de día y cuándo de noche.

La tripulación del submarino se turna para trabajar y dormir, de modo que si uno se despierta, otro se acuesta en la misma litera, adormilándose con el runrún del motor.

Otras veces, los músicos que viajan por trabajo tienen que dormir en los llamados «autobuses de gira». Un conductor los lleva de una ciudad a otra para que puedan tocar por todo el país. En ocasiones, se acuestan en Italia y se despiertan en España, listos para el próximo concierto.

El lateral de algunos autocares se levanta cuando el vehículo está aparcado, proporcionando a los pasajeros más espacio disponible para sentarse. Este tipo de vehículos tiene literas con cortinas e incluso dormitorios con baño, en caso de que seas una gran estrella. Suele disponer de televisores, videoconsolas y ¡hasta de salas de grabación o pista de baile!

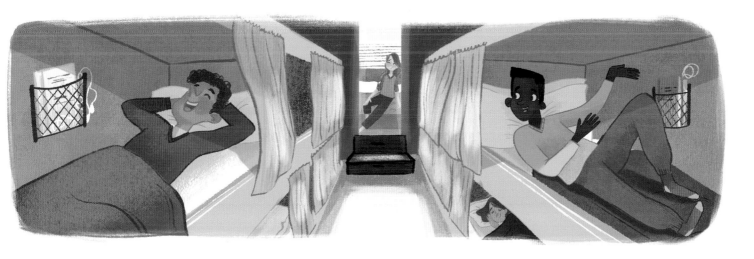

La mayoría de nosotros se acuesta y despierta en el mismo lugar, pero ¡qué divertido sería poder viajar mientras dormimos! Ya sea en barco, tren, submarino o autocar… ¿En qué medio de transporte preferiríais dormir mientras viajáis?

Una noche ajetreada en el hospital

Cuando os ponéis el pijama, os cepilláis los dientes y os metéis en la cama, tal vez creáis que todo el mundo se está acostando también. Sin embargo, al anochecer, hay personas que se preparan para ir a trabajar. Lo cierto es que el mundo no se detiene ni un minuto a descansar, ¡ni siquiera por la noche! Durante ese tiempo, estallan incendios, nacen niños y la gente quiere comer o necesita autobuses y taxis para desplazarse. Y, a veces, se producen accidentes…

Justo entonces, es preciso ir al hospital, que está abierto día y noche. Una vez allí, los conductores de ambulancia se detienen ante la entrada de Urgencias, abren las puertas traseras del vehículo y los paramédicos se apean a toda prisa.

URGENCIAS

Los paramédicos están entrenados para ayudar en situaciones de emergencia, cuando alguien necesita asistencia médica urgente. Saben detener una hemorragia, vendar heridas, ayudar a respirar al paciente y asistirlo en caso de hallarse conmocionado.

Los paramédicos acostarán al paciente en la camilla de la ambulancia para llevarlo al hospital, donde lo recibirán las enfermeras y los médicos del turno nocturno.

En el interior del hospital, los médicos y las enfermeras deciden cuál es el mejor tratamiento para cada caso. Si un paciente se ha roto un hueso, puede que tengan que hacerle una radiografía. Se trata de una imagen del interior del cuerpo. Los huesos aparecen en blanco y las partes menos densas, en gris oscuro.

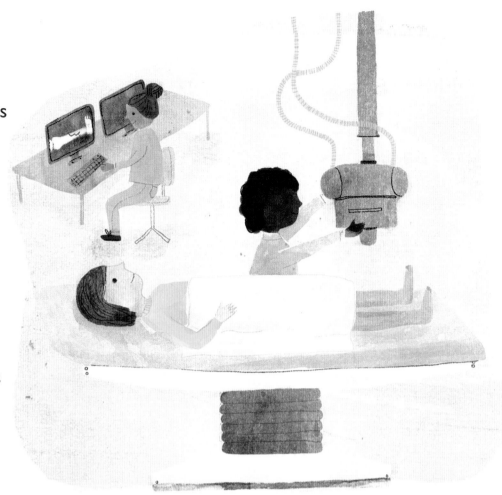

El médico comprueba la radiografía y decide si hay que escayolar al paciente. Para ello se envuelve el miembro roto en un tipo de vendaje húmedo que, al secarse, se endurece y protege el hueso mientras se suelda: es la escayola.

Durante toda la noche, el hospital hierve de actividad. Las luces permanecen encendidas y, en su interior, los pasillos impolutos rebosan de enfermeras, médicos, celadores y limpiadores atareados. Los médicos hacen la ronda, comprobando cómo se encuentran sus pacientes y asegurándose de que todos sean atendidos lo antes posible.

En la mayoría de los hospitales hay un área que se denomina «unidad de maternidad». Es donde van las mujeres a dar a luz. Resulta muy habitual que un bebé nazca en plena noche. Aquí se trabaja día y noche para que las madres y sus hijos estén bien atendidos.

Una recepcionista responde a las llamadas urgentes e indica a los pacientes adónde tienen que ir. Esta avisa asimismo a la comadrona, que es una enfermera especial entrenada para asistir a las mujeres que están a punto de dar a luz. Un bebé puede tardar varias horas en nacer; cuando eso ocurre, la comadrona le toma el pulso y la temperatura a la madre y, luego, ¡todo el mundo a esperar!

Cuando el bebé está a punto de nacer, la comadrona le palpa la barriga a la madre: ¡a menudo el bebé se agita en su interior! Después, comprueba el latido del corazón del pequeño con una máquina que hace BIP BIP… BIP BIP… BIP BIP. El monitor, por su parte, muestra que el bebé esté bien y a punto de nacer.

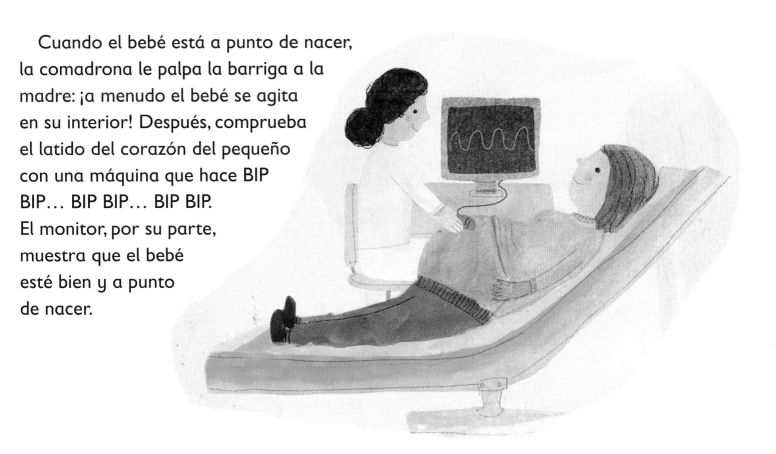

¡A veces nacen gemelos o incluso trillizos! La comadrona avisa al pediatra, un médico especializado en medicina para niños. El pediatra comprueba la respiración y los reflejos del bebé para asegurarse de que está sano. Un auxiliar le lleva un zumo y unas galletas a la madre.

¡Le traigo un poco de zumo!

El hospital no interrumpe su actividad ni siquiera un minuto y, por la mañana, ¡las familias acuden a visitar a sus nuevos hermanos y hermanas!

Los reparadores nocturnos

En las profundidades de la ciudad, debajo del suelo que pisáis todos los días, hay cientos de kilómetros de tuberías y de túneles. Por algunos de ellos corre el agua limpia, mientras que por otros circulan los desechos procedentes de nuestras casas. Los desechos son todo lo que se va por los desagües y el váter, y las tuberías y los túneles que atraviesan se llaman «cloacas». Huelen un poco mal, pero las cloacas son un invento increíble, porque ayudan a mantener nuestros pueblos y ciudades limpios y libres de enfermedades.

Esta ingeniera retira la tapa de la alcantarilla. Dentro del agujero, una escalera conduce a un túnel subterráneo.

El ingeniero lleva un equipo brillante y reflectante para que se le vea con facilidad. El casco y las botas de goma también son esenciales para su trabajo.

Este ingeniero desciende los peldaños resbaladizos de la escalera. La luz que lleva sujeta en el casco le permite ver en la oscuridad.

El sonido del goteo del agua resuena por todo el túnel.

Los animales también preparan sus hogares en los desagües. Las ratas son unas nadadoras increíbles, se encaraman por las tuberías con sus garras superafiladas y ¡sus dientes son lo bastante fuertes como para roer el propio hormigón!

Ya entrada la noche, reina el silencio en las alcantarillas: a esa hora la gente ya no se baña ni se ducha, ni tampoco lava la ropa o los platos. Cuando apenas hay agua corriendo por las tuberías, es el momento perfecto para que los ingenieros desciendan bajo tierra e inspeccionen los túneles.

Algunos túneles son muy angostos. Otros, en cambio, son lo bastante altos como para que los ingenieros puedan recorrerlos a pie. En las grandes ciudades, los ingenieros sujetan una cámara a una balsa o a un pequeño robot con ruedas que se desplaza por las alcantarillas. Luego inspeccionan las fotos en sus ordenadores para comprobar que todo fluya como es debido.

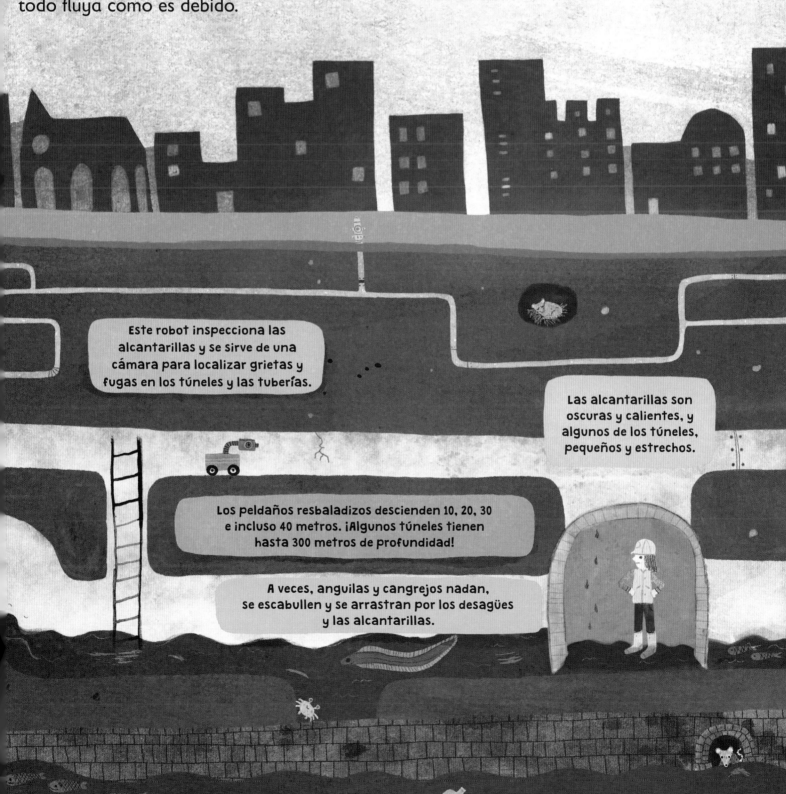

Este robot inspecciona las alcantarillas y se sirve de una cámara para localizar grietas y fugas en los túneles y las tuberías.

Las alcantarillas son oscuras y calientes, y algunos de los túneles, pequeños y estrechos.

Los peldaños resbaladizos descienden 10, 20, 30 e incluso 40 metros. ¡Algunos túneles tienen hasta 300 metros de profundidad!

A veces, anguilas y cangrejos nadan, se escabullen y se arrastran por los desagües y las alcantarillas.

En la superficie, también se arreglan los desperfectos durante la noche. Por las carreteras y las autopistas que rodean ciudades y campos circulan coches, camionetas, autobuses y camiones, y todas esas ruedas en movimiento causan mucho desgaste y deterioro. A veces, se forman baches en medio de la calzada (o incluso agujeros enormes llamados «socavones») y ¡hay que rellenarlos! Con el paso del tiempo, las líneas pintadas en las autopistas también se van desvaneciendo, y es preciso repasarlas con pintura.

Algunos desperfectos se reparan durante el día, pero muchos de ellos se arreglan por la noche, porque es cuando hay menos tráfico en las carreteras. Los trabajadores, equipados de cascos con linternas y trajes reflectantes de colores llamativos, se sumergen en la oscuridad para dejarlo todo listo antes de que llegue el tráfico de la mañana.

Lejos de las carreteras, kilómetros de vías de tren recorren el campo, zigzagueantes. Los trenes llevan a la gente, pero también transportan paquetes y todo tipo de bienes pesados. Dejan atrás jardines y casas, y cruzan túneles y puentes a toda velocidad.

A veces, hay que cerrar el acceso a las vías para poder repararlas. Antes de empezar las obras, es muy importante poner señales y luces intermitentes para advertir a la gente de que se están haciendo reparaciones. A continuación, los trabajadores ya pueden empezar su tarea nocturna. Retiran las vías de tren estropeadas y colocan otras nuevas en su lugar. Las señales eléctricas tienen que funcionar a la perfección para que los conductores sepan cuándo detenerse y adónde dirigirse. En el momento en que la gente empieza a despertarse, los trabajadores y los ingenieros ya están a punto de tomarse una taza de café…
¡y meterse en la cama!

¡Corriendo al mercado!

¿Alguna vez os habéis preguntado de dónde procede la botella de leche que os encontráis encima de la mesa cuando os despertáis por la mañana? Quizá vuestros padres la hayan comprado en un supermercado o en una tienda del barrio. Pero ¿cómo llegó hasta allí? Básicamente gracias a los granjeros que producen nuestra comida y a los camioneros que la transportan, viajando por la noche para que nos llegue bien fresca por la mañana.

Los ganaderos crían vacas debido a la leche que producen y, como la mayoría de los granjeros, se levantan muy, pero que muy temprano. Ordeñan las vacas hacia las cinco de la mañana, cuando los demás estamos aún en la cama. Las vacas lecheras son muy escandalosas y no paran de mugir. Una vez ordeñadas, por fin les llega la hora de desayunar. ¡Ahora ya están más tranquilas!

La leche se carga entonces en un camión cisterna y el conductor la lleva a una lechería. Al día siguiente, la leche, cremosa y rica en grasa, se pasteuriza, un proceso que mata los gérmenes. Luego se vierte en las botellas. Otro conductor la transporta en un camión refrigerado (una especie de nevera ambulante con ruedas) hasta depositarla en un gran almacén o directamente en el supermercado.

Los camiones llegan y se van de los supermercados a primerísima hora, cuando todavía no ha amanecido. Transportan leche fresca, fruta, verdura, carne y pescado procedentes de distintas partes del mundo.

Una vez allí, entregan la comida a los encargados de colocarla en los estantes. Ellos se aseguran de que, al abrir la tienda, cuando todo el mundo esté en marcha, los alimentos, entre ellos las botellas de leche fresca, se encuentren a mano en las estanterías.

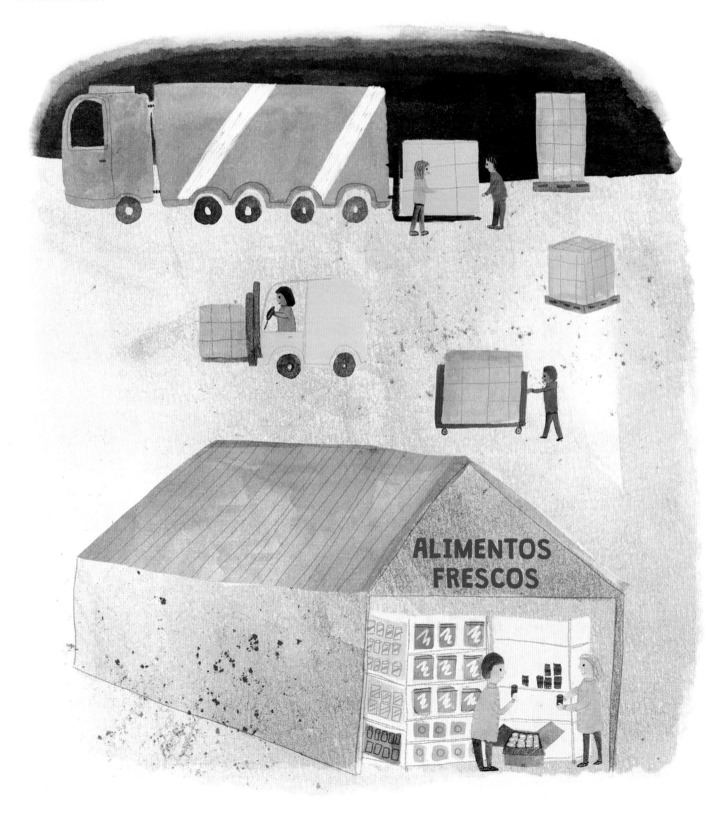

En las afueras de las ciudades y los pueblos, los granjeros no son los únicos que trabajan antes de que amanezca. Los pescadores se pasan días enteros en el mar, haciendo turnos día y noche. Llegan a puerto con su cargamento a primera hora de la mañana. El pescado se saca de los barcos en grandes redes y se descargan varias cajas de langostas y cangrejos. Justo en ese instante, las escamas de los pescados brillan, las tenazas de los cangrejos castañetean y las gaviotas chillan, revoloteando en lo alto, a la espera de probar un bocado de tan sabroso manjar.

El pescado enseguida se pone en hielo para mantenerlo frío y fresco y, luego, se carga en una camioneta y se traslada a toda prisa al mercado para poder venderlo.

Los mercados al por mayor de los pueblos y las ciudades están abiertos antes de que salga el sol. Pescaderos, verduleros y carniceros acuden a abastecerse de fruta, verduras, carne y pescados frescos para sus tiendas. Los que se proveen de comida destinada a grandes hoteles y restaurantes elegantes también acuden allí: todo el mundo busca los mejores —y más deliciosos— ingredientes.

Las flores frescas llegan hasta nuestras ciudades por avión procedentes de floricultores de todo el mundo. Cuando llegan a sus destinos, los floristas las examinan con mucha atención. ¡Buscan las flores de colores más vivos, pétalos más frescos y perfume más embriagador!

Los panaderos también trabajan durante la noche para poder tener listo el pan fresco a primera hora de la mañana. Se levantan poco después de que la mayoría se haya acostado. Lo primero que hacen al llegar a la panadería es ponerse su traje blanco, un uniforme especial que se usa en cocinas y panaderías. El pan es un alimento muy sencillo: solo lleva harina, agua, sal y levadura. Usando estos cuatro ingredientes, los panaderos preparan barras y panecillos de todas las formas y medidas. Mezclan los ingredientes hasta conseguir una masa uniforme.

Es importante dejarla reposar: mientras tanto, envuelta en el calor de la panadería, la masa empieza a crecer. Cuando eso ocurre, el panadero le da forma y la mete en el horno con la ayuda de una pala especial que tiene un mango muy largo.

Una panadería es un lugar caliente y húmedo con hornos a altas temperaturas, montoncitos de masa de pan en reposo y agua hirviendo. Gracias al vapor del agua, se consigue un pan con una corteza crujiente y sabrosa. Cuando la mayoría de las personas se levanta y las puertas de la panadería se abren, las barras de pan y los panecillos ya están listos para el desayuno… ¡o para cualquier otro momento!

Cazadores nocturnos

¿Alguna vez habéis deseado poder pasar la noche en vela? Os despertaríais justo cuando los demás se preparasen para acostarse y solo la luna iluminaría vuestro camino en la oscuridad. Con un poco de suerte, oiríais a un búho o veríais a un murciélago. Ambas son criaturas nocturnas: duermen durante el día y permanecen despiertas por la noche. Tienen una muy buena razón para elegir este estilo de vida tan opuesto… ¡La supervivencia!

Algunos animales nocturnos, como los gecos, un lagarto de las regiones cálidas, duermen durante el día para escapar del calor tórrido del sol. Otros, como los ratones, aparecen con sigilo por la noche para evitar ser descubiertos y que los devoren. Aun así, estos bichos menudos no están a salvo del todo: comparten la oscuridad con criaturas que rondan la noche precisamente porque ellos están ahí. ¡Son los cazadores nocturnos!

Los búhos son unos cazadores nocturnos expertos. Están diseñados para ello, de la cabeza a los pies. Empecemos por la cabeza. Algunos búhos tienen penachos parecidos a orejas, un grupo de largas plumas que tienen en lo alto de la cabeza. Sin embargo, esos penachos no tienen nada que ver con su capacidad auditiva. Los científicos creen que los usan para comunicar su estado de ánimo a otros búhos.

En realidad, las orejas de los búhos son dos hendiduras situadas a cada lado de la cabeza y están ocultas bajo un montón de plumas. Algunos búhos presentan un oído más arriba que otro, lo cual les permite localizar con exactitud la procedencia de los ruidos más leves. Su sentido del oído es tan fino que pueden cazar en medio de una oscuridad absoluta. ¡Incluso oirían a un ratón que se escondiera bajo tierra!

Veamos ahora sus enormes ojos, especialmente diseñados para ver en la oscuridad. A diferencia de muchos pájaros, que tienen un ojo a cada lado de la cabeza, los de los búhos están dispuestos en la parte frontal del rostro.

Eso les permite determinar con mayor precisión la distancia en la que se encuentra una presa o lo deprisa que esta se desplaza. Los búhos no pueden mover los ojos como hacemos los humanos: tienen que girar toda la cabeza para mirar a derecha o a izquierda. Esto, sin embargo, no es ningún problema para ellos. Los trece huesos que tienen en el cuello (nosotros solo tenemos siete) les permiten girar la cabeza casi 360 grados. Es muy difícil acercarse a un búho.

Pero… ¡cuidado! ¡Ellos sí pueden acercarse a ti! Las plumas de sus alas son especiales y, cuando los búhos vuelan, son muy silenciosos. Así que a ellos les resulta muy fácil oír a sus presas, pero sus presas no pueden oírlos a ellos. Además, como el color de sus alas se confunde con su entorno, apenas se los detecta.

Terminaremos con los dedos de sus pies. Los búhos tienen cuatro uñas en cada garra y las usan para aprisionar y acuchillar su cena antes de tragársela entera, con el pelaje entero y los huesos. Y, por si eso no fuera ya bastante asqueroso…

… al cabo de unas horas, regurgitan (expulsan más que vomitan) unas bolas parecidas a excrementos que contienen los huesos y los demás residuos que no hayan podido digerir. Los científicos luego abren esas bolas regurgitadas por los búhos y vuelven a recomponer los huesos, como si de un rompecabezas se tratara. Eso les permite descubrir qué animales viven en la misma zona que el búho en cuestión.

Durante el día, casi todas las especies de murciélago duermen. Se cuelgan apiñadas cabeza abajo en lugares elevados y tranquilos, como el techo de las cuevas o los huecos de los árboles. ¿Por qué cabeza abajo? Bueno, a los murciélagos no se les da muy bien alzar el vuelo, así que, en lugar de elevarse hacia arriba, se echan a volar dejándose caer.

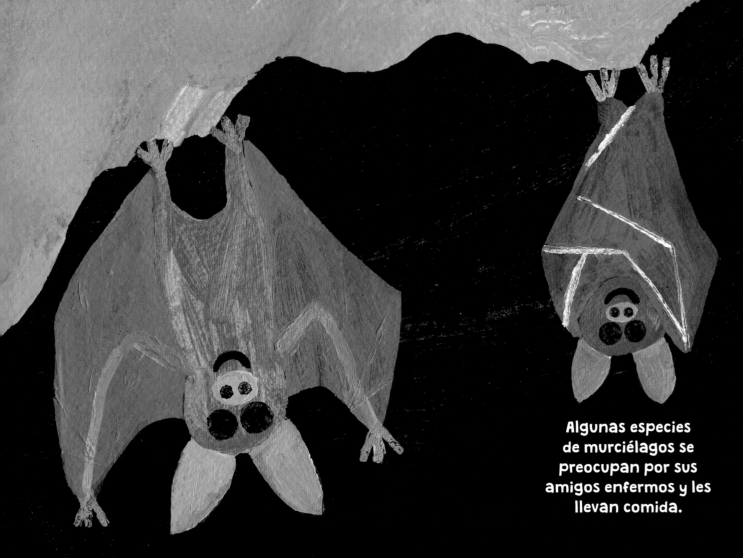

Algunas especies de murciélagos se preocupan por sus amigos enfermos y les llevan comida.

Como otras criaturas nocturnas, la mayoría de los murciélagos espabila cuando anochece. Tienen un sistema increíble que les permite moverse en la oscuridad. Se llama «ecolocalización» y funciona del siguiente modo: mientras vuelan, los murciélagos emiten un sonido extremadamente agudo (tanto que ni vosotros ni yo podemos oírlo). Ese sonido viaja muy deprisa a través del aire y, cuando choca con un objeto (a ser posible, un insecto que sea apetitoso), rebota directamente hacia los oídos supersensitivos del murciélago, indicándole de ese modo el tamaño del objeto y la distancia a la que se encuentra. Si el objeto en cuestión se desplaza, los murciélagos saben exactamente hacia dónde se dirige. Esto los convierte en cazadores de polillas infalibles. De hecho, los murciélagos son un excelente sistema de control de plagas: no en vano pueden llegar a comer hasta 2.000 jugosos bichos en una sola noche.

A algunos murciélagos,
les gusta colgarse juntos
y formar colonias,
permaneciendo a salvo
y a buen recaudo del frío.

Los murciélagos son los
únicos mamíferos voladores.

En el corazón de la selva del sureste asiático, vive la criatura nocturna más extraña de todas. Tiene los ojos grandes y saltones, y las orejas como las de los murciélagos. Sus dedos de las manos son largos y delgados, y los de los pies muestran la punta nudosa. Sus patas traseras son increíblemente largas... Ah, ¡y su cola es muy fibrosa! Este animalillo pesa lo mismo que un pack de yogures y cabe en la palma de la mano de un adulto. Es uno de los primates más pequeños del mundo y hace nada menos que 45 millones de años que campa por la Tierra. Se llama «tarsero».

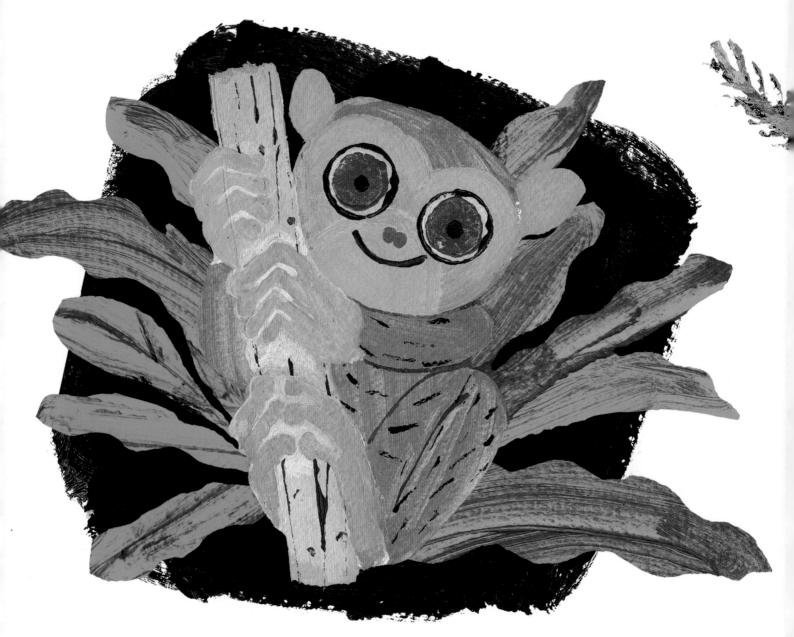

Como los búhos y los murciélagos, los tarseros son expertos cazadores nocturnos. Solo comen carne; no les gusta lo verde, a no ser que se trate de un saltamontes, por supuesto. Se pasan la noche brincando de un árbol a otro en busca de algún tentempié, tales como lagartijas, ranas y bichos de toda clase. Los tarseros estiran sus patas increíblemente largas y saltan hasta treinta veces la extensión de su propio cuerpo.

Y, por supuesto, se les da muy bien localizar a sus presas: ¡tienen unos globos oculares enormes! De hecho, cada uno de sus globos oculares por separado pesa más que su cerebro y están especialmente adaptados para ver en la oscuridad. Puesto que sus ojos son tan grandes, no pueden moverlos, así que tienen que desplazar toda la cabeza, como los búhos.

No hace mucho, los científicos han descubierto que esas pequeñas criaturas son el único primate que se comunica solo mediante ultrasonidos (sonidos muy agudos que no podemos oír). Los científicos creen que los usan para pasarse información sobre comida o posibles peligros. Por otro lado, los ultrasonidos les vienen muy bien para localizar a las presas que también los emiten.

De modo que si sois criaturas pequeñas y apetitosas, tal vez no deberíais salir... ¡Puede que merodee algún cazador nocturno por ahí cerca!

Dormir para sobrevivir

En el desierto, el sol puede calentar tanto que abrase el suelo por el que caminamos. Ningún animal quiere que le chisporroteen los pies —o que se le queme el estómago, en caso de tratarse de una serpiente—. Tiene, pues, sentido eso de pasarse el día agazapado en una madriguera y salir solo de noche, cuando ha refrescado lo suficiente. Sin embargo, después de ponerse el sol, todo está mucho más oscuro. He aquí cómo algunas criaturas muy avispadas se han adaptado para sobrevivir en los climas más extremos del planeta… y ¡en absoluta oscuridad!

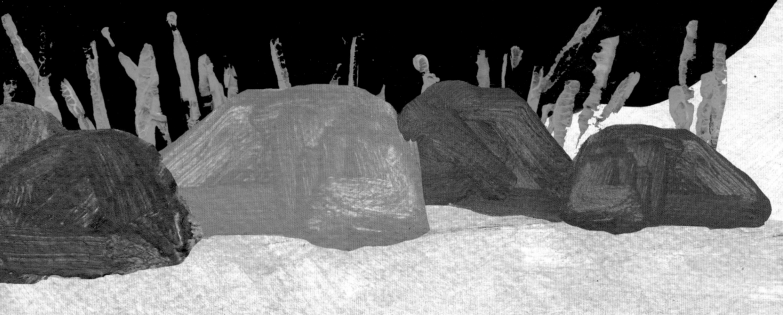

Este gracioso y diminuto roedor parece un batiburrillo de distintas criaturas. Tiene cuerpo de ratón, orejas de conejo y hocico de cerdo, y se desplaza pegando saltos como los canguros. Vive en los desiertos del noroeste de China y el sur de Mongolia y es tan tímido que hasta hace bien poco no se había conseguido filmarlo en estado salvaje. Se llama jerbo de orejas largas y mide y pesa lo mismo que una patata asada.

¡Ahora echémosle un vistazo a sus orejotas! Son una tercera parte mayores que la cabeza del jerbo. Como cabía esperar, estos animalillos tienen un oído excelente, lo que les viene muy bien para orientarse en la oscuridad. Los jerbos son capaces de oír los movimientos de los insectos que les sirven de alimento, así como de los depredadores que podrían devorarlos.

Los jerbos tienen unas patas delanteras muy cortas, ideales para excavar madrigueras y sujetar la comida a la altura de la boca. Sus patas traseras también son bastante cortas. Pero ¿y qué decir de sus pies? Pues que son muy largos y les permiten dar saltos increíbles. Los jerbos pueden brincar hasta alcanzar dos metros (la altura de un humano alto) y, de hecho, se sirven de esta asombrosa habilidad para atrapar insectos al vuelo.

Los jerbos liberan calor a través de sus enormes orejas, y eso les permite estar más frescos durante el día.

Esta extraña criatura se parece a un dinosaurio, pero ¡en realidad es un mamífero! El pangolín tiene más o menos el tamaño de un gato doméstico y vive en las selvas tropicales, los bosques secos y las sabanas de Asia y África.

La lengua del pangolín está recubierta de una mucosa pegajosa que le permite cazar bichos a lengüetazos.

Durante el día, duerme en una madriguera que solo abandona de noche, cuando sale a cazar termitas y hormigas, que rastrea con su sensitivo hocico. Revienta los montículos de las termitas y los hormigueros con sus fuertes garras y luego usa su larga lengua pegajosa para lamerlas. Y es una lengua realmente larga, ¡más que su cuerpo y su cabeza juntos! Es capaz de atrapar 20.000 bichos de una tacada, taponando los oídos y la nariz para evitar que los insectos se le metan dentro.

Estas maravillosas criaturas corren el peligro de extinguirse si no nos ocupamos de ellas.

Como los pangolines carecen de dientes, se tragan pequeñas piedras para ayudar a su estómago a triturar los bichos que se han comido.

No son muchas las criaturas que se aventurarían a comerse un pangolín. ¿Quién podría atravesar esas rígidas escamas que lo protegen? Además, los pangolines tienen un modo particularmente efectivo de defenderse… Se hacen una bola y despiden un olor fétido que procede de unas glándulas que tienen cerca del trasero. ¡Puaj!

¿Qué abulta como una taza, tiene ocho ojos, ocho patas, un cuerpo peludo, y dispara los afilados pelos puntiagudos de su estómago cuando se siente amenazado? Lleva en el planeta al menos 150 millones de años… ¡Se trata de la terrorífica tarántula!

Y, encima, no hay una sola especie de tarántula, ¡sino cientos! Podéis encontrarlas (si es que realmente queréis hacerlo) en la mayoría de las regiones tropicales y subtropicales del mundo, y también en las más secas. Son las mayores arañas del mundo, y pican, pero su veneno es más suave que la picadura de una abeja y no suele ser perjudicial para los humanos. Las tarántulas usan su veneno para aturdir a sus presas antes de estrujarlas con sus imponentes mandíbulas. Luego le inyectan a su cena una sustancia química especial que la convierte en un jugo espeso y lo absorben. ¡Qué rico!

Las tarántulas suelen ser nocturnas. Cuando hace demasiado calor, duermen durante el día y salen por la noche. A diferencia de la mayoría de arañas, no tejen telas en las que vivir. Algunas preparan su casa en el interior de los troncos o en grietas abiertas en las rocas, mientras que otras cavan madrigueras que cubren con una tela sedosa para mantenerlas limpias de arena. Ciertas tarántulas tienden «trampas» delante de sus madrigueras: en concreto, tensan un hilo frente a la entrada a fin de que las alerte de la presencia de cualquiera que se haya colado dentro (¡preferiblemente, algo comestible!).

Y he aquí un detalle extraño… Las tarántulas no tienen ni oídos ni nariz. Detectan los olores y los sonidos gracias a los pelos que les recubren patas y pies.

La tarántula Goliat o pajarera puede llegar a crecer hasta alcanzar la medida de la palma de la mano de un humano ¡con los dedos extendidos y todo!

Tal vez la criatura nocturna más adorable que pueda encontrarse en las regiones desérticas de África y Asia sea el gato de las arenas. Tienen el aspecto de un minino encantador incluso cuando son adultos, con la cabeza, los ojos y las orejas grandes. Pero no os dejéis engañar. Puede que parezcan gatitos domésticos, pero ¡son fieros y salvajes! De hecho, están perfectamente adaptados para vivir en las secas llanuras desérticas, donde las temperaturas son achicharrantes durante el día y muy frías por las noches.

Los gatos de las arenas son una de las raras especies que viven en el desierto. Son pálidos, del color de la arena, y en las patas y la cola presentan rayas oscuras que casi los vuelven indistinguibles con el entorno del desierto. El pelaje oscuro y grueso que les recubre los pies los protege de la arena abrasadora —o helada— y los ayuda a agarrarse a su superficie cambiante. Son excavadores expertos y usan sus poderosas garras para hacer madrigueras en la tierra arenosa, donde duermen durante las insoportables horas de calor del día. Sin embargo, cuando cae la noche y las temperaturas bajan, abandonan sus madrigueras y salen a cazar para comer.

Por fuera, las orejas de los gatos de las arenas son muy parecidas a las de un minino doméstico, pero su interior es mucho mayor. ¡De ahí que tengan un oído realmente fino!

Su pelaje los mantiene calientes cuando salen a merodear, aguzando el oído para detectar cualquier ruido que pueda proceder de debajo de la arena. Cuando oyen algo, se precipitan hacia allí de un salto y excavan a toda prisa para atrapar su cena, que en la mayoría de los casos consiste en un jerbo poco afortunado. Le asestan un par de golpes con sus duras garras y luego le pegan un mordisco con todas sus fuerzas. También comen insectos, reptiles e incluso serpientes venenosas. Y pueden estar días sin beber un solo sorbo de agua. Así que, haga frío o calor, ¡estos gatitos son unos maestros imbatibles de la supervivencia!

Camas de agua

Todo el mundo necesita echar una cabezadita de vez en cuando, pero si tu objetivo consiste en evitar que te ataquen o, lo que es aún peor, que te coman vivo, ¿cómo te las arreglas para dormir y mantenerte alerta al mismo tiempo? La mayoría de las criaturas que viven bajo el agua no puede cerrar los ojos y tampoco tiene camas en las que tumbarse un rato; aun así, necesita dormir.

Así es cómo lo hacen: el gran tiburón blanco siempre está en movimiento. No puede detenerse, porque, como la mayor parte de los tiburones, necesita que el agua fluya continuamente por su cuerpo. Si dejara de moverse, moriría. Entonces ¿cómo se las apaña para dormir? Esta pregunta desconcertó a los científicos durante mucho tiempo. Sin embargo, recientemente, se ha conseguido grabar por primera vez a un gran tiburón blanco durmiendo.

Los científicos usaron una cámara-robot especial para seguir a un gran
tiburón blanco llamado Emma mientras nadaba alrededor de la Isla de Guadalupe,
en México. Cuando anocheció, Emma se aproximó a la orilla, donde había menos
profundidad y el agua fluía más rápido y con mayor fuerza. Emma abrió entonces
sus enormes fauces, llenas de dientes imponentes, y empezó a nadar contracorriente
(algo parecido a andar contra un viento violento, pero con más agua). Esto posibilitó
que el agua fluyera a través de su cuerpo sin que Emma tuviera que invertir mucha
energía en desplazarse. Los científicos vieron que estaba en trance, como quien sueña
despierto. Dedujeron que eso es lo que hacen los tiburones
cuando duermen. ¡Y, además, boquiabiertos!

El peculiar pez loro ha ideado un apaño muy original para poder dormir. Después de pasarse el día picoteando coral con su pico (que, en realidad, está formado por un montón de dientes diminutos dispuestos muy juntos), se retira a descansar. Se mete en una pequeña fisura de una roca y, solo entonces, cubre todo su cuerpo con una mucosidad viscosa que escupe por la boca. Los científicos creen que este saco de dormir baboso enmascara su olor, protegiéndolo así del agudo olfato de los parásitos y los depredadores diminutos que se lo quieren comer.

La sebosa morsa no presenta dificultades a la hora de flotar en el agua para descansar un rato. A pesar de que este mamífero descomunal a veces duerma bajo el mar, no puede contener la respiración durante un periodo superior a cinco minutos, tras los cuales debe subir a la superficie en busca de aire. Si necesita dormir más rato, la morsa usa unas bolsas especiales que tiene en la garganta y que llena de aire, como si fueran un globo. Así puede flotar con la cabeza fuera del agua mientras se echa una siesta con el resto del cuerpo sumergido.

Se ha descubierto que las morsas se cuelgan de las placas flotantes de hielo, clavando en ellas sus largos colmillos a modo de estacas para poder dormir con la nariz fuera del agua. Las morsas también duermen en tierra, amontonadas las unas sobre las otras, en numerosos grupos perezosos. Duermen hasta diecinueve horas y luego se zambullen en el mar en busca de sabrosos y crujientes moluscos.

Algunas morsas se agarran al hielo mientras se deslizan por la pendiente del sueño.

¿Sabíais que los delfines y las ballenas se pueden ahogar? Es curioso, teniendo en cuenta que se pasan toda la vida en el agua. Sin embargo, estos mamíferos marinos necesitan llenar sus pulmones de aire, como nosotros. En lugar de respirar por la boca y la nariz, usan un orificio especial que tienen en lo alto de la cabeza, denominado «espiráculo». Emergen a la superficie del agua y, después de expulsar por el agujero el aire viejo, aspiran el nuevo. Tras ello, el espiráculo se cierra para evitar que el agua les llene los pulmones y los ahogue, ¡y vuelven a sumergirse!

A diferencia de los humanos, los delfines y las ballenas deben estar muy atentos y pensar antes de respirar; de lo contrario, podrían aspirar agua en lugar de aire.

Cuando duermen, los delfines flotan en la superficie del agua como si fueran troncos.

Entonces ¿cómo se las arreglan para dormir? Pues solo dejan que se duerma la mitad de su cerebro. La otra mitad sigue despierta para que puedan continuar respirando y en estado de alerta ante cualquier posible peligro. Estas inteligentes criaturas cierran únicamente un ojo cuando duermen y, cada dos horas, cambian de lado hasta completar un total de ocho horas de sueño.

A veces, mientras están descansando, los delfines flotan en la superficie del agua marina sin apenas moverse una pizca: eso les permite respirar con suma facilidad a través de sus espiráculos. Esa posición, que parece cuasi inmóvil, recibe el nombre de «letargo».

En 2008, los científicos se llevaron una sorpresa al descubrir una manada de ballenas durmiendo en posición vertical. ¡Algunas incluso estaban bocabajo! Al parecer esos cachalotes, unas ballenas tan grandes como un autobús, echaban una cabezadita de unos diez o quince minutos sin moverse ni respirar.

Las nutrias marinas lo hacen prácticamente todo en el agua: comen, cazan, se aparean, crían y… ¡duermen! Se tumban de espaldas, esto es, bocarriba, y se mecen juntas, cogiéndose de las patas para no separarse del grupo al dormirse. También se atan a las algas con sus crías para que no las arrastre la corriente.

Estas criaturas peludas no necesitan taparse con una manta para protegerse de las frías aguas del mar porque son el mamífero con el pelaje más abundante y tupido. Lo necesitan porque, a diferencia de la mayoría de los mamíferos marinos, no tienen bajo la piel una capa de grasa que las mantenga calientes. Su abrigo también es impermeable, así que están calentitas y cómodas mientras duermen.

Las patas de las nutrias marinas no son tan peludas como su cuerpo. Probablemente esta sea la razón de que las mantengan fuera del agua helada mientras duermen.

Poseen dos capas de pelaje: una gruesa y tupida, y, por encima, otra de pelo más largo. La capa superior atrapa el aire e impide que el agua helada alcance la piel de la nutria.

¡Sus cacas huelen muy, pero que muy mal!

¿Cómo consiguen dormir?

La mayoría de nosotros sabe muy bien cuándo y dónde va a dormir. Sin embargo, encontrar el momento y el lugar adecuados donde echar una cabezadita puede resultar un auténtico reto para los animales salvajes. Con el fin de mantenerse calientes y a salvo de los depredadores, han desarrollado formas de descanso muy interesantes.

¿Sabíais que los pájaros no usan los nidos para dormir? La función de los nidos es resguardar los huevos y las crías, no facilitar un lugar de descanso. De hecho, algunos pájaros ni siquiera los construyen. Entonces ¿dónde duermen? Pues en todo tipo de sitios: en lo alto de la rama de un árbol, debajo de una espesa capa de maleza, o simplemente en el suelo. El caso es que estén calentitos y seguros. Se denomina «posarse» a la acción que realizan los pájaros al situarse en un lugar para descansar, sea este el que sea.

Los patos duermen juntos, al borde del agua, dispuestos en una larga fila para protegerse. El par de patos que ocupa los extremos de la hilera solo duerme a medias: cierra un ojo, mientras que el otro lo mantiene abierto, pendiente de cualquier peligro. Los patos del centro de la fila, por su parte, cierran ambos ojos, tranquilos de saber que alguien cuida de ellos. Y, si los asalta algún peligro, ¡todos se zambullen en el agua y listos!

Los pájaros fragata, que anidan en las Islas Galápagos, pueden volar durante más de diez días seguidos sin detenerse ni un momento. Como los patos y los delfines, duermen a medias, manteniendo siempre un ojo abierto durante el vuelo… Bueno, casi siempre. No hace mucho, los científicos les sujetaron a la cabeza un aparato especial y descubrieron que, a veces, mientras vuelan, estas aves extraordinarias duermen durante unos cuantos segundos con ambos ojos cerrados ¡y lo logran sin estrellarse!

Las arañas echan breves cabezaditas durante el día y la noche. Duermen en lugares diversos, en función del tipo de araña que sean. Las hay que descansan en la seguridad mullida de sus telas. Otras encuentran un lugar oscuro y tranquilo para echar una siesta arácnida. Y algunas, como las tarántulas, reposan en madrigueras subterráneas. En cualquier caso, sea cual sea el lugar que elijan, resulta muy difícil distinguir si están dormidas: no cierran los ojos. En realidad no pueden, porque carecen de párpados.

Así que la mejor manera de distinguir si una araña está durmiendo consiste en observar el lenguaje de su cuerpo peludo. Algunas especies lo pegan al suelo, doblando debajo sus patas mientras duermen. Las arañas que usan su tela para atrapar sus presas acostumbran a quedarse reposando inmóviles en sus hilos de seda hasta que algo aterriza en la red. En ese punto, se ponen en acción de inmediato y siguen durmiendo después de comer para conservar la energía acumulada hasta aferrarse a su siguiente cena.

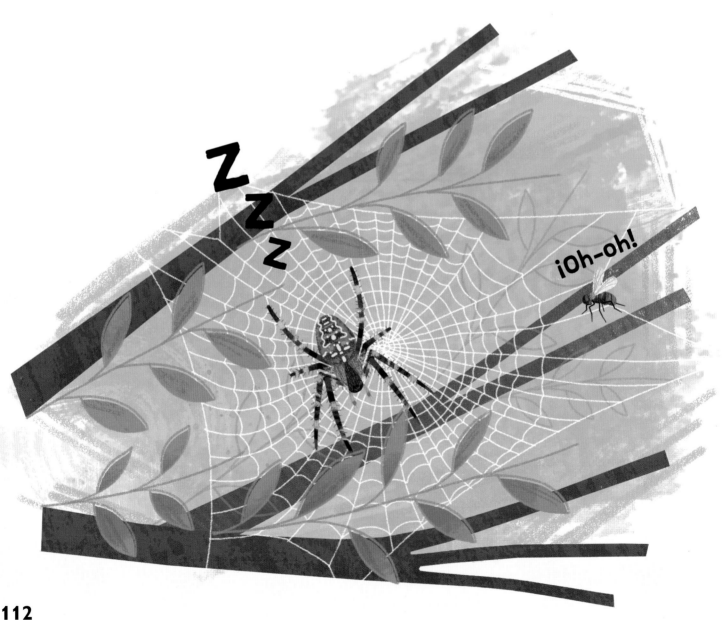

Los caracoles suelen ser más activos por la noche porque prefieren los ambientes cálidos y húmedos, en los que sus cuerpos babosos no se secan. Si hace demasiado frío, se refugian en sus cascarones, sellan la entrada con una capa de mucosidad y se quedan allí durmiendo hasta que suben las temperaturas. Y si las condiciones atmosféricas no mejoran, no se inmutan. Continúan durmiendo hasta que lo hagan. Pueden estar así durante años. ¡Sí, años! De hecho, en 1846, un caracol del desierto de Egipto que todo el mundo daba por muerto se entregó al Museo Británico de Londres. Sus conservadores lo colocaron en una de las vitrinas. Todo el mundo se quedó asombrado cuando, al cabo de unos años, el caracol se despertó, comió un poco de col y todavía vivió otros dos años más.

¿Alguna vez os habéis quedado dormidos estando de pie? Probablemente, no… Si lo habéis hecho, no debisteis de encontraros muy cómodos y ¡seguro que acabasteis en el suelo! Sin embargo, dormir de pie resulta esencial para la supervivencia de algunas criaturas: no en vano, les permite salir corriendo ante la menor señal de peligro. Los elefantes, las cebras, los caballos y las vacas se encuentran entre los pocos animales especialmente diseñados para dormir de esa guisa. He aquí lo que hacen para caer dormidos sin caer al suelo: estos animales son capaces de bloquear sus piernas en una posición extendida que no requiere demasiado esfuerzo muscular. Lo cual significa que pueden dormir sin acabar derrumbándose.

Los flamencos pueden dormir de pie, y lo hacen manteniendo un elegante equilibrio sobre una sola pata. ¡Hay personas que no son capaces de hacerlo ni siquiera estando despiertas!

Para las jirafas, las criaturas más altas de la Tierra, dormir es una auténtica lata. Puede que esos cuellos tan largos sean geniales para poder comerse las hojas más tiernas que crecen en lo alto, pero ¿cómo se las arreglan con esas patas desgarbadas cuando tienen que dormir?

En estado salvaje, las jirafas casi nunca se echan al suelo: tardarían demasiado en levantarse y eso las convertiría en presas fáciles para los depredadores hambrientos. Así que se quedan de pie, durmiendo durante periodos de diez minutos con los ojos apenas cerrados, en un estado de semivigilia. Suelen inclinar el cuello ligeramente hacia delante mientras duermen, o se apoyan contra un árbol o incluso contra otra jirafa. Siempre están alerta, moviendo las orejas, atentas a cualquier peligro.

En las contadísimas ocasiones en que se tumban en el suelo, las jirafas meten las patas debajo del cuerpo y arquean el cuello hacia atrás, dejando la cabeza apoyada en la parte baja del lomo. ¡Imaginad que usarais vuestro trasero de almohada!

El oso perezoso es uno de los muchos animales que se pasa el día durmiendo en los árboles para permanecer fuera del alcance de los depredadores que merodean por el suelo. Vive en las selvas tropicales de Centroamérica y Sudamérica, y solo se baja (muy despacio) una vez a la semana, para ir al servicio. En estado salvaje, los osos perezosos duermen diez horas al día de media, colgados de las ramas, a las que se sujetan con mucha fuerza usando sus largas, larguísimas garras.

Y, cuando están despiertos, se quedan ahí, sin hacer gran cosa. Como apenas se mueven, resulta difícil verlos encaramados a los árboles. Además, su pelaje especial atrae las algas, un organismo vivo que les aporta un color verdoso que todavía los camufla mejor.

Otra criatura igualmente adorable que vive la vida a cámara lenta es el koala, originario del este de Australia. Los koalas se alimentan sobre todo de hojas, y la que más les gusta es la de eucalipto. Comen más de un kilo al día, el peso de tres latas de alubias. Ingerir tal cantidad de hojas de eucalipto sería perjudicial para nosotros, pero los koalas cuentan con un estómago especial capaz de digerir todo tipo de alimentos venenosos. Tanto comer y digerir, sin embargo, requiere mucha energía; de ahí que se pasen unas dieciocho horas durmiendo.

Como habéis visto, los animales adoptan costumbres muy raras a la hora de dormir. Supongo que vosotros también las tendríais si os vieseis obligados a estar a todas horas pendientes de los posibles peligros o esperando a que vuestra cena se presentara de golpe.

El invierno de un oso grizzly

A veces, hace demasiado frío para estar ahí fuera. Cuando los días son cortos y la comida escasea, ¿quién puede culpar al oso por darle al invierno su espalda peluda y tumbarse a descansar?

La mayoría de los osos *grizzly* vive en Alaska y al oeste de Canadá, en lo alto de Norteamérica, donde los inviernos son largos y fríos. Allí, además de los osos *grizzly*, encontraréis también osos polares, osos negros, osos pardos y osos Kodiak. ¿Podéis localizarlos en el mapa?

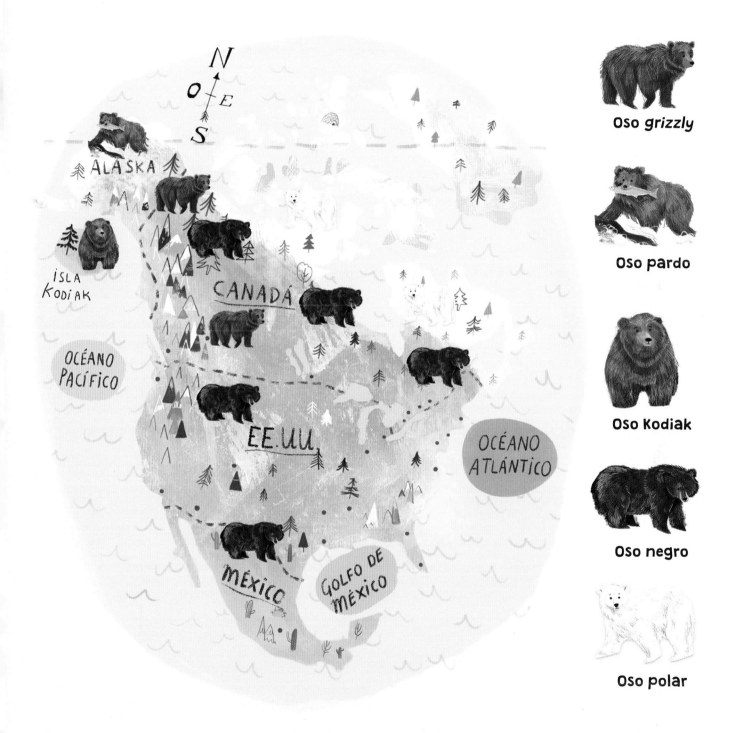

Oso grizzly

Oso pardo

Oso Kodiak

Oso negro

Oso polar

Grizzly significa «gris». Es extraño, ¿no os parece? Porque, de hecho, los osos *grizzli* son un tipo de oso pardo. Sin embargo, si os fijáis bien, veréis que el tono de las puntas del pelaje de los osos *grizzli* es grisáceo. En invierno, el pelaje les crece más y resulta más abundante, para mantener a los osos calientes y secos durante los meses de frío extremo.

Los osos *grizzly* tienen un sentido del olfato muy agudo y detectan una comida desde más de kilómetro y medio de distancia. Son omnívoros, lo cual significa que comen cualquier cosa nutritiva que puedan encontrar: desde bayas, raíces y piñones hasta ciervos, ratones y gusanos. Sin embargo, cuando llega el otoño, tienen el doble de apetito y no pueden conseguir suficiente comida para saciarlo. Esta ingesta extrema se denomina «hiperfagia».

Ay, Dios mío, comen ciervos.

A los osos les encantan las bayas. ¡Ñam, ñam, ñam!

Los roedores también forman parte del menú. ¡Puaj!

Durante esta época, los osos nunca se sienten llenos del todo y por eso consumen más de 40 kilos de comida cada día. Esto equivale a unas 300 magdalenas de arándanos (según el tamaño de las magdalenas, por supuesto). Como resultado de tal atracón, pueden llegar a doblar su peso corporal. Y necesitan hacerlo. La grasa almacenada en sus cuerpos los ayudará a sobrevivir sin agua ni comida durante los meses de invierno que pasen durmiendo.

Los osos viven fuera mientras queda comida en el exterior. Sin embargo, en cuanto llega el frío y sus alimentos desaparecen bajo una capa de nieve, se refugian en el calor de su madriguera. Algunos osos *grizzly* muy organizados empiezan a buscar guarida muy pronto, en pleno verano.

Un agujero en un árbol puede ser un dormitorio perfecto para un oso.

Los espacios entre las raíces de los árboles proporcionan un excelente escondite para el invierno.

Hay familias de osos que llevan cientos de años usando la misma madriguera. ¡Imaginaos dormir en la misma cama que vuestros tatara-tatara-tatarabuelos!

Un tronco hueco es un refugio fantástico para un oso soñoliento.

¡Las cuevas y los agujeros en las rocas son búnkeres inmejorables para los osos!

Hay osos *grizzly* que prefieren construirse su propia casa para el invierno.
Sus enormes pies y sus garras curvas son herramientas excelentes para cavar.
¡Y hay que ver si cavan! En un periodo de entre tres y siete días, consiguen
excavar una madriguera, llegando a extraer hasta 900 kilos de tierra durante
el proceso. Equivale aproximadamente a lo que pesa un coche pequeño.

En la entrada de las
guaridas de los osos hay
un túnel inclinado que
conduce a una acogedora
madriguera.

¡Rac!

¡Rac!

¡Rac!

A los osos les gusta excavar
sus madrigueras en pendientes
encaradas al viento. Cuando llega
el invierno, el vendaval acumula
un montón de nieve en la entrada
y la sella, como si tuviera una
puerta.

123

En noviembre, los osos se encaminan hacia su guarida y se quedan ahí dentro. Su respiración se ralentiza y su ritmo cardiaco pasa de 55 a solo 9 pulsaciones por minuto. A medida que su cuerpo se va enfriando, el oso entra en un estado de sueño llamado «letargo». Si nada lo perturba, no se despertará hasta meses después. No come, ni bebe, ni va al baño, porque tiene una capacidad increíble de aguantarse. ¿Cómo? ¡Pues se le forma un tapón de caca seca en el trasero!

Un año de oso

Ene	Feb	Mar	Abr	May	Jun	Jul	Ago	Sep	Oct	Nov	Dic

Duerme   Se despierta   Come y luego duerme...

A pesar de que las hembras de los osos se aparean a principios de verano, sus bebés no se desarrollan en su útero hasta que han empezado con el letargo. Después de dos meses, dan a luz un máximo de cuatro cachorros ciegos, calvos y sin dientes, que pesan poco más que una patata grande. Los pequeños emplean todas sus fuerzas para succionar la leche de sus madres, que en muy raras ocasiones se despiertan a lo largo del proceso.

Durante los meses siguientes, los cachorritos enseguida ganan fuerza y peso gracias a la leche materna. Cuando termine el invierno y por fin llegue la primavera, se hallarán listos para abandonar la guarida con su madre, que estará mucho más delgada, pero, aun así, en forma, fuerte, y ¡con muchas ganas de desayunar!

Hibernantes excepcionales

Cuando llega el invierno, nos ponemos buenos abrigos y calcetines de lana. Comemos comidas calientes y nos tomamos un chocolate a la taza junto al fuego. Los animales, en cambio, no pueden hacer nada de eso. Entonces ¿cómo se las arreglan cuando hace un frío que pela y no hay nada que comer? Buscan un lugar seguro donde echar una siesta hasta que llegue la primavera y vuelva a haber comida disponible. Esta larga siesta se denomina «hibernación» y algunos animales tienen un modo muy sorprendente de hacerla.

Las mariquitas hibernan en grupo debajo de la corteza de los árboles o escondidas dentro de las hojas. En inglés, a estas confortables reuniones se las llama «el encanto de las mariquitas».

Cuando llega el invierno, solo queda con vida la reina de los abejorros. Excava un agujero en el suelo y se mete en él para hibernar allí sola, hasta la llegada de la primavera. Entonces abandona su escondite para encontrar un lugar donde poner los huevos.

Durante los meses más cálidos, las tortugas pintadas de Norteamérica sacan la cabeza fuera de la superficie del agua para tomar aire. Pero ¿qué hacen en invierno, cuando el agua está cubierta por una capa de hielo que les impide salir a respirar? Estos animales tienen un modo asombroso de hibernar bajo el agua: respiran a través del trasero.

Las tortugas hibernan en el lecho de los estanques, en donde el agua permanece más caliente que en la superficie, y, en lugar de respirar por la nariz y por la boca, absorben el oxígeno del agua a través de la piel y del trasero o, dicho de otro modo, del propio culo.

Bajo la capa de nieve que alfombra los bosques de Norteamérica, hay enterrados montones de ranas congeladas. Son ranas del bosque. Si tocáis una, tendréis la sensación de que es un cubito de hielo con forma de rana. Si tratáis de encontrar su latido del corazón, no lo lograréis. Y su sangre se habrá helado. De hecho, parecerá que este pequeño anfibio está completamente muerto. Sin embargo, a pesar de que la rana se halle congelada y paralizada por completo, no ha muerto: está hibernando.

¿Y cómo ocurre eso? Cuando se acerca el invierno, las ranas de bosque se esconden en el interior de los troncos o se refugian bajo montones de hojas. Eso les proporciona algo de protección cuando entran en el estado de hibernación, pero no la suficiente como para evitar que poco a poco se vayan congelando hasta convertirse en cubitos de rana.

En cuanto el primer cristal de hielo la toca, la rana libera un azúcar especial que protege su interior del frío. A continuación, más de la mitad de su cuerpo se congela… lo bastante como para interrumpir los latidos de su corazón e impedir que la sangre siga fluyéndole por las venas.

Se queda helada durante dos o tres meses. Cuando llega la primavera, su corazón empieza a latir de nuevo y el anfibio vuelve a respirar. ¡La rana descongelada enseguida pega un salto, en busca de una pareja!

El pez pulmonado del oeste de África es una extraña criatura parecida a una anguila, pero respira aire, camina con sus aletas y vive tanto en tierra como en el agua. ¡Esta especie ha sobrevivido durante más de tres mil años!

El pez pulmonado se aletarga durante el verano. El letargo es algo parecido a la hibernación, salvo por el hecho de que su objetivo es evitar el calor en lugar del frío. Durante la estación seca, los lagos en los que vive este tipo de pez se reducen hasta convertirse en charcos embarrados. El pez pulmonado se zambulle a mordiscos en el fango, y luego serpentea para formar una madriguera. Se duerme con la nariz metida en un agujero, apuntando hacia arriba.

Cuando sale el sol, el barro se calienta y se seca. Y entonces este pececillo hace algo realmente asombroso: para no deshidratarse, segrega a través de la piel una mucosidad viscosa que, al endurecerse, lo protege del calor. Y puede sobrevivir así hasta cinco años… ¡sin hacer una sola caca!

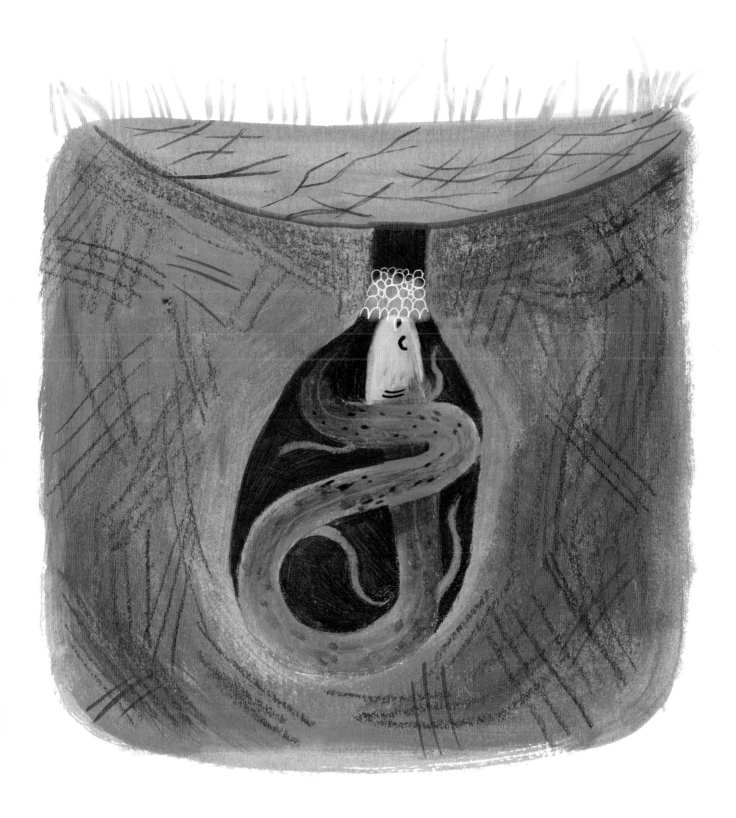

Cuando pasa la estación seca y las lluvias rellenan los lagos, estos dormilones mocosos vuelven a la vida y nadan de nuevo en busca de algún delicioso renacuajo.

También hay mamíferos que hibernan. Las marmotas son excavadoras extraordinarias. Cuando el invierno resulta demasiado duro, se encaminan a sus madrigueras, en las que han preparado una sección especial donde hibernar: un dormitorio que cuenta con una cama de hierba y un baño aparte. ¡Incluso hay un par de habitaciones extra! No sabemos por qué las marmotas construyen dormitorios de más, pero, a veces, en ellas se aloja algún huésped imprevisto, como una lagartija o una culebra rayada.

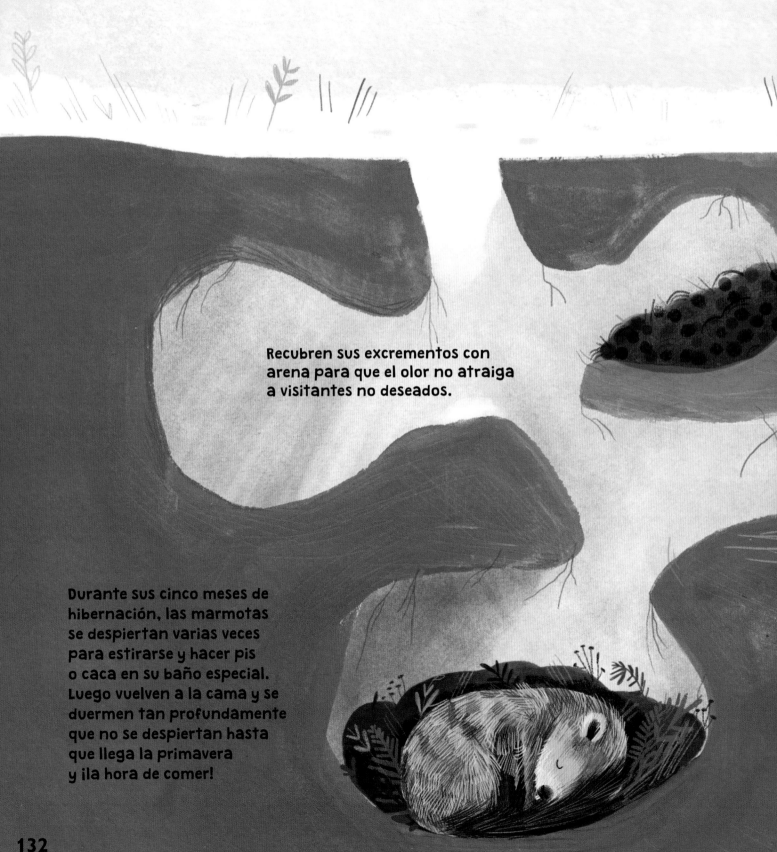

Recubren sus excrementos con arena para que el olor no atraiga a visitantes no deseados.

Durante sus cinco meses de hibernación, las marmotas se despiertan varias veces para estirarse y hacer pis o caca en su baño especial. Luego vuelven a la cama y se duermen tan profundamente que no se despiertan hasta que llega la primavera y ¡la hora de comer!

Como los osos, las marmotas comen hasta saciarse antes de empezar su largo descanso invernal y usan la grasa de su cuerpo para mantenerse con vida. Mientras dura su letargo, su ritmo cardiaco disminuye hasta alcanzar los cinco latidos por minuto y su temperatura cae hasta estabilizarse en los cinco grados (una temperatura tan baja como la del interior de una nevera). Pero ¡ellas se quedan tan fresquitas!

Las madrigueras de las marmotas cuentan con varias salidas para que los animales puedan escaparse por ahí si es preciso.

Un revoltijo de culebras rayadas aprovecha la habitación extra.

De la madrugada al anochecer

Mirad por la ventana y contemplad el mundo. Fijaos en la ardilla que se encarama a un árbol y en la mariquita que camina por el filo de una hoja. Contemplad el cielo y cómo cambia de color cuando el sol sale por la mañana y se pone al anochecer, antes de que oscurezca.

Desde aquí, desde el planeta Tierra, parece que el sol se esté moviendo, pero no es así. Somos nosotros los que nos movemos (esto es, vosotros, yo y el planeta en el que vivimos).

La Tierra rota —o da vueltas— sobre su eje. El eje es una línea invisible que la atraviesa, alrededor de la cual gira nuestro planeta, como sucede con el centro de una peonza. La Tierra tarda 24 horas en dar una vuelta entera sobre sí misma. Por eso un día tiene 24 horas.

Mientras la Tierra gira sobre sí misma, el sol se mantiene en el mismo lugar. A veces, la parte del planeta en la que vivimos da al sol y sus rayos nos iluminan. Se trata del día. Otras veces, en cambio, la parte en la que vivimos no da al sol. Es la noche.

Cuando es de noche en nuestro lado de la Tierra, en el lado opuesto del planeta es de día. Y mientras es de día en nuestro lado, en el otro es de noche. De tal forma que cuando los niños se despiertan en Inglaterra, es hora de acostarse en Australia.

A consecuencia del modo en que la Tierra rota, parece que el sol asome por el este y se ponga por el oeste. Si os fijáis en vuestra sombra, sabréis si el sol está alto o bajo en el cielo: cuando el sol esté alto, vuestra sombra será como un charco alrededor de vuestros pies; pero mientras esté bajo, vuestra sombra se alargará en el suelo.

Cuando el sol sale y se pone, su
luz se derrite como un helado.
¡Delicioso!

La Tierra gira y el sol empieza a desaparecer tras el horizonte. A veces el cielo cambia de color (rojo, naranja, dorado, rosa). Esto se debe al modo en que la luz se dispersa a través del aire.

Cuando el sol se pone, por un instante, vivimos el crepúsculo, el momento que transcurre entre la puesta de sol y la noche. Luego oscurece y vemos aparecer la luna y las estrellas brillando en el cielo (a no ser que queden ocultas tras las nubes).

Si prestáis atención, veréis que al anochecer se producen cambios. Muchas flores cierran los pétalos para protegerse del frío. Animales que no solemos ver durante el día se atreven a salir. Como los búhos y otras criaturas, estos animales son nocturnos, lo cual significa que están activos por la noche. En verano, tras la puesta del sol, las luciérnagas salen buscando el amor. Se alumbran como pequeñas antorchas para impresionar a su posible pareja.

¡Las luciérnagas iluminan su trasero!

Algunas mascotas también son nocturnas. Por eso, los hámsteres corren a toda prisa por su rueda cuando tratamos de dormir.

¡Ñic-ñic-ñic!

La Tierra gira sobre sí misma. La noche da paso al amanecer, momento en que los animales nocturnos regresan a descansar a sus casas, nidos y madrigueras. Las estrellas desaparecen. El sol se eleva en el cielo. Las flores se abren de nuevo. Los pájaros empiezan a trinar. Los animales diurnos (los que están activos durante el día) se despiertan. Las personas, también. El sol le dice al mundo cuándo despertarse.

El sol de medianoche

En verano, el sol sale más temprano que en invierno y se pone más tarde. En función de dónde viváis, puede que, en invierno, al despertaros, aún esté oscuro, del mismo modo que tal vez no haya oscurecido cuando os acostéis en verano. Eso es lo que escribió Robert Louis Stevenson en su poema, «Bed in Summer» (Acostarse en verano).

«En invierno me levanto por la noche y me visto a la luz de una vela amarilla».

«En verano, todo lo contrario. Tengo que acostarme cuando aún es de día».

¿Por qué la duración del día es tan distinta según la estación del año? Mientras la Tierra gira —o rota— sobre sí misma, dando lugar al día y la noche, también da vueltas —u orbita— alrededor del sol.

La Tierra está ligeramente inclinada. Cuando la parte de la Tierra en la que vivimos se ladea hacia el sol, los días son más largos y más cálidos: es el verano. Cuando la parte de la Tierra en la que vivimos se halla más alejada del astro, los días se vuelven más cortos y más fríos: es el invierno.

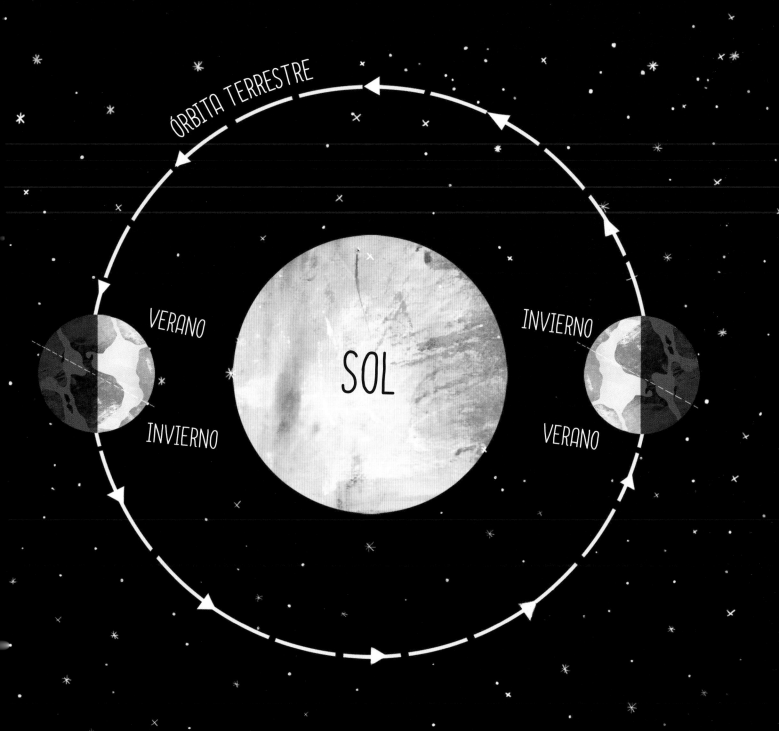

ÓRBITA TERRESTRE

VERANO

INVIERNO

SOL

INVIERNO

VERANO

El día más largo del año —el día con más horas de luz solar— se conoce como solsticio de verano. Asimismo, el día más corto del año —el que tiene menos horas de luz solar— es el solsticio de invierno. Estos días se corresponden cada año con el 21 de junio y el 21 de diciembre, respectivamente. ¿La parte peliaguda? A consecuencia de la inclinación de la Tierra, el 21 de diciembre es el solsticio de invierno en la mitad norte del planeta, pero ¡es el solsticio de verano en la mitad sur! De ahí que cuando en Australia es verano, en Alemania sea invierno.

Enero en Australia　　　　**Enero en Alemania**

En países como Suecia, Noruega, Groenlandia, Islandia y Finlandia, los días de verano son muy largos. El sol no se pone, en realidad, hasta las 11 de la noche, o incluso más tarde. De hecho, en algunos lugares situados muy al norte, como el norte de Alaska, el sol no llega a esconderse nunca tras el horizonte. ¡Es de día durante 24 horas! Estos lugares se conocen como «Tierras del sol de medianoche».

Por supuesto, en estas zonas situadas tan al norte en invierno ocurre justo lo contrario: el sol nunca asoma tras el horizonte, siendo de noche todo el día.

Ya en tiempos inmemoriales, la gente creía que los solsticios eran algo especial. De ahí que estos días sean celebrados con fiestas y festivales por todo el mundo. En Suecia, el día más largo del año se llama *midsommar*. Es fiesta nacional. Los suecos cantan, llevan coronas de flores y bailan alrededor del poste del mismo nombre.

Los pueblos zuni y hopi de Norteamérica celebran el *Soyal*, el día más corto del año, momento en que les piden a los espíritus *kachina* que les devuelvan el sol.

Un festival denominado *Dongzhi* marca el solsticio de invierno en China. La gente elabora coloridas bolas de masa hervida o de arroz a fin de prepararse para el invierno. En Taiwán, se depositan junto a la tumba de los familiares pasteles de nueve capas en forma de animales de la suerte (pollos, cerdos, vacas y ovejas).

En Irán, el solsticio de invierno coincide con una festividad llamada «Yalda». En ella, algunas personas se quedan despiertas toda la noche para darle la bienvenida al sol.

En los solsticios, hay otra festividad que se celebra por todo el mundo: ¡la Navidad! La fecha en que nació Jesús no aparece en ningún lugar de la Biblia. Sin embargo, ciertos historiadores creen que los padres fundadores de la Iglesia se decidieron por el 25 de diciembre porque caía cerca del solsticio de invierno, un día que ya festejaba mucha gente alrededor del mundo.

La aurora boreal

En las zonas situadas más al norte de los países septentrionales, donde los inviernos son largos y los días, cortos, en ocasiones se disfruta de una visión muy especial: la aurora boreal. Se trata de unas franjas de colores que oscilan en el cielo. Suelen tener un color verde amarillento, pero de vez en cuando adquieren una tonalidad azul, violeta o rosa. La aurora boreal también se conoce como *aurora borealis* (en latín) o con el nombre de «amanecer del norte».

La aurora boreal presenta la forma de rayos, franjas o arcos, pero también puede adoptar el aspecto de arcadas, coronas o cortinas. Las auroras aparecen día y noche, cada día del año, pero en la mayoría de los casos la luz del sol no permite verlas. El mejor momento para disfrutar de una aurora boreal son las noches claras de finales de otoño, invierno o principios de primavera. La gente planea viajes especialmente para ver la aurora boreal. Se desplaza hasta Alaska, Groenlandia, Islandia, el norte de Rusia, Noruega, Suecia y Finlandia, y suele dormir en el exterior, en una tienda de campaña, para contemplar el cielo.

¿Qué causa la aurora boreal? ¡El sol! Las tormentas que tienen lugar en el astro rey crean el viento solar, responsable de arrastrar su energía por el espacio, hasta alcanzar la Tierra. Los polos de nuestro planeta actúan como una suerte de imanes, atrayendo hacia ellos las partículas del viento solar. Al llegar a la atmósfera terrestre, estas partículas se convierten en gases y liberan energía en forma de luz: se trata de la aurora boreal (al norte) y de la aurora austral (al sur).

En efecto, el Polo sur tiene su propio espectáculo de luces: conocido como la «aurora austral». Estas luces aparecen al mismo tiempo que las del norte. Se corresponden las unas con las otras.

Algunas personas aseguran haber escuchado la aurora boreal. Dicen que, cuando aparece, el cielo cruje o emite un sonido sibilante. Sin embargo, nadie sabe por qué suenan esas auroras: es un misterio.

AURORA BOREAL

AURORA AUSTRAL

La Tierra no es el único planeta que tiene auroras. En Júpiter, Saturno, Urano y Neptuno también se produce este mismo fenómeno. Gracias al sol, tanto la Tierra como otros planetas del sistema solar disfrutan de hermosos espectáculos de luz.

Un viaje a las estrellas

El cielo nocturno está repleto de estrellas. Desde aquí, desde la Tierra, todas parecen iguales: pequeñas, blancas, brillantes. Pero imaginad que volaseis al espacio... Ahí fuera, ¡se ven tan distintas! La primera estrella con la que os encontraríais sería el sol. Sí, el astro rey es una estrella y más bien del montón, la verdad.

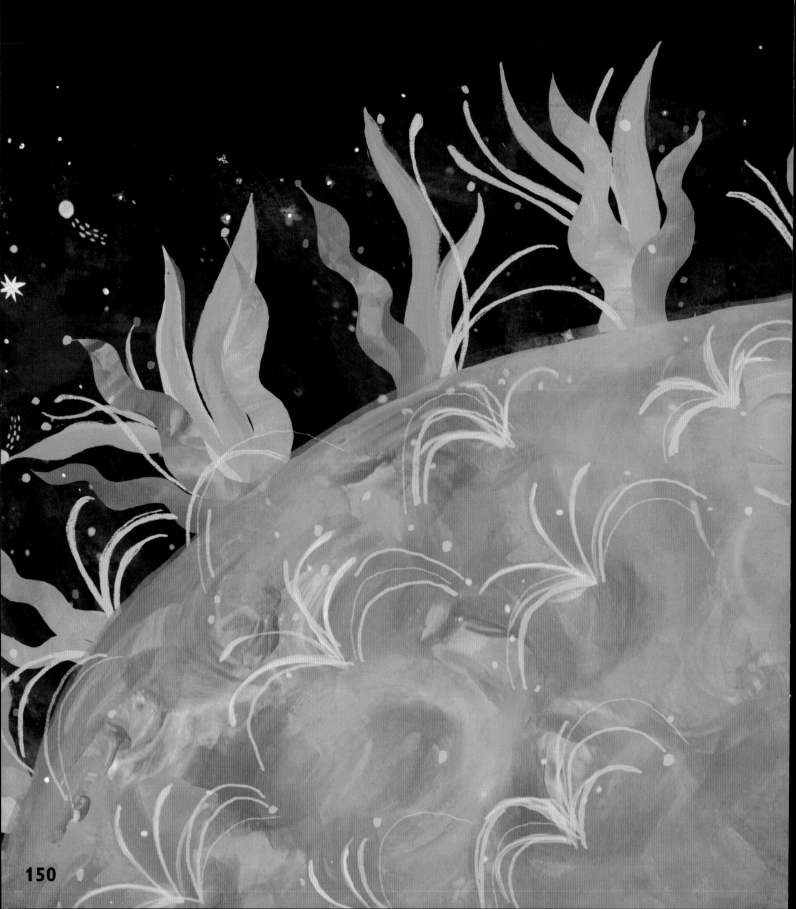

No es ni la más grande ni la más pequeña, ni la más caliente ni la más fría, ni la más antigua ni tampoco la más joven. Lleva en el espacio apenas unos cinco mil millones de años y probablemente siga ahí arriba unos cinco mil millones de años más. ¡Qué alivio! Porque la necesitamos para muchísimas cosas, entre otras, para tener luz, calor y energía.

Las estrellas más antiguas tienen unos 13.000 millones de años. Y las más jóvenes son más jóvenes que vosotros. Continuamente nacen estrellas nuevas. Algunos científicos estiman que cada segundo nacen miles.

El astro rey es el centro de nuestro sistema solar y su única estrella. Esto es poco corriente. Muchas estrellas aparecen a pares (rotando una alrededor de la otra) o en grupos. Pero nuestro sol es una estrella solitaria.

Aunque, cuando las vemos en el cielo nocturno, las estrellas parezcan blancas, en realidad tienen distintos colores. Tendemos a asociar el azul con el frío extremo y el rojo, con el calor, pero las estrellas más calientes son azules y las más frías, rojas.

Nuestro astro rey es un tipo de estrella determinado: una enana amarilla. También hay enanas blancas: estas no son más grandes que nuestra Tierra y se forman al final de la vida de la estrella. Algunas estrellas, en cambio, son gigantes… ¡o supergigantes! ¡Cientos de veces mayores que nuestro sol!

BETELGEUSE

Colores de las estrellas

AZUL
Muy caliente

AZUL CLARO

BLANCO

BLANCO AMARILLENTO

AMARILLO

NARANJA

ROJO
Muy fría
(por ser una estrella)

CINTURÓN DE ORIÓN

NEBULOSA DE ORIÓN

RIGEL

Una estrella tiene varias capas. El centro se llama «núcleo». Es como el hueso que hay en el interior de un melocotón, pero mucho más caliente.

¿Que si las estrellas brillan? ¡No en el espacio! Las estrellas no solo no son pequeñas, sino que en el espacio tampoco brillan. El destello que vemos por la noche en el cielo se debe al efecto que produce la atmósfera de la Tierra.

En realidad, no podríamos caminar por encima de una estrella como lo hacemos por la Tierra, porque las estrellas no son sólidas: están hechas de gases, como el aire invisible que nos rodea. Sin embargo, a diferencia del aire que respiramos, los gases de las estrellas arden muy bien y ¡esa es la razón de que sean tan calientes! Una estrella es una enorme bola de gas que no deja de arder.

Como nosotros, las estrellas cambian con el paso del tiempo. Pueden crecer hasta convertirse en estrellas gigantes. A veces explotan y sus pedazos son arrojados al espacio. De estos fragmentos, nacen nuevas estrellas y planetas: las estrellas que explotan son los ladrillos con que se construye el universo. O incluso pueden llegar a convertirse en un agujero negro. La gravedad de un agujero negro es tan fuerte que atrae todo lo que tiene alrededor.

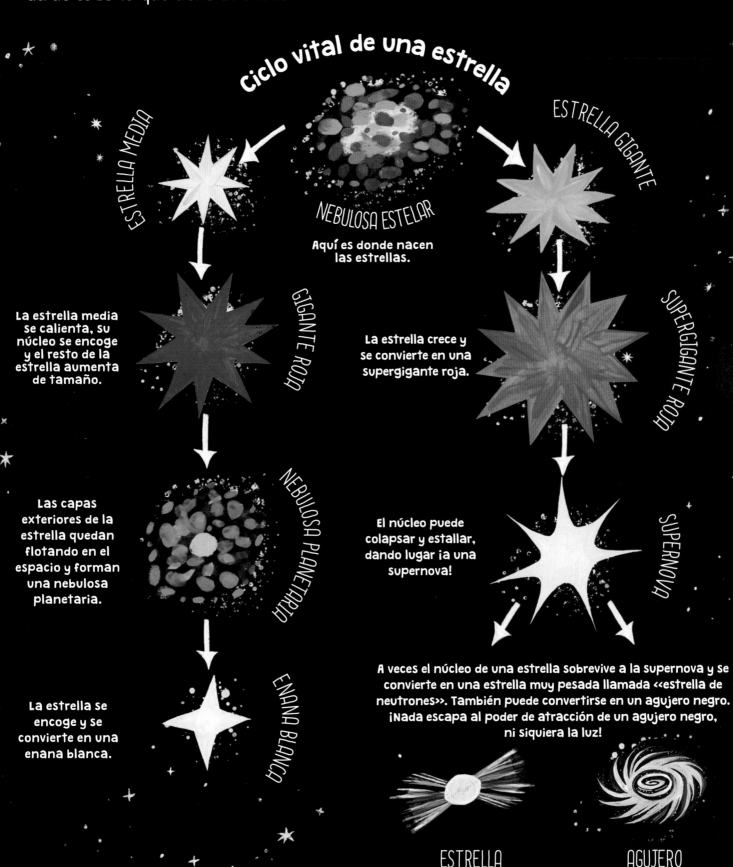

Ciclo vital de una estrella

NEBULOSA ESTELAR
Aquí es donde nacen las estrellas.

ESTRELLA MEDIA

La estrella media se calienta, su núcleo se encoge y el resto de la estrella aumenta de tamaño.

GIGANTE ROJA

Las capas exteriores de la estrella quedan flotando en el espacio y forman una nebulosa planetaria.

NEBULOSA PLANETARIA

La estrella se encoge y se convierte en una enana blanca.

ENANA BLANCA

ESTRELLA GIGANTE

La estrella crece y se convierte en una supergigante roja.

SUPERGIGANTE ROJA

El núcleo puede colapsar y estallar, dando lugar ¡a una supernova!

SUPERNOVA

A veces el núcleo de una estrella sobrevive a la supernova y se convierte en una estrella muy pesada llamada <<estrella de neutrones>>. También puede convertirse en un agujero negro. ¡Nada escapa al poder de atracción de un agujero negro, ni siquiera la luz!

ESTRELLA DE NEUTRONES

AGUJERO NEGRO

¿Cuál es la segunda estrella más cercana a la Tierra? Alpha Centauri. Se encuentra en la galaxia de la Vía Láctea, como el sol y la Tierra. Además del sol y de Alpha Centauri, en la Vía Láctea existen montones de estrellas, miles de millones. Y la Vía Láctea es solo una de las muchas otras galaxias que engloba el universo.

El universo contiene todo cuanto existe: el conjunto de las estrellas, los planetas, el espacio, las galaxias, vosotros, yo, toda la materia, incluso el tiempo. Está cambiando constantemente. El universo crece mientras las estrellas viejas mueren. Y, a cada rato, nacen otras nuevas. Salvo nuestro sol, todas las estrellas se encuentran muy lejos, tanto que su luz necesita años para alcanzar la Tierra. La luz del sol, en cambio, tarda ocho minutos en alcanzarnos. ¡Menuda suerte tener cerca a una estrella fantástica!

Contemplar los astros

Con el transcurso del tiempo, hemos mejorado mucho nuestra observación de las estrellas. Hace miles, incluso cientos de años, lo que la gente podía conocer del espacio se limitaba a lo que observaba con sus propios ojos: el sol, la luna, uno o dos planetas aislados y las estrellas.

Con los años, se descubrieron nuevos modos de observar los astros. Uno de los mejores era el telescopio. Mediante espejos y lentes curvas que concentran los rayos de luz, el telescopio consigue que cosas muy lejanas parezcan cercanas. ¡Imaginad lo sorprendida que se quedó la gente al mirar por un telescopio y distinguir en el cielo cosas que no había visto jamás!

El primer telescopio se inventó en los Países Bajos a principios de 1600, pero, al cabo de unos años, un científico italiano llamado Galileo Galilei construyó uno todavía mejor. Galileo dirigió su telescopio hacia el cielo nocturno y descubrió todo tipo de cosas. Se dio cuenta, por ejemplo, de que ahí arriba había muchas más estrellas de las que nunca había visto con los ojos desnudos. También cambió el modo de entender el lugar que la Tierra ocupaba en el universo: a diferencia de lo que se creía, nuestro planeta no se encontraba en el centro del universo y, además, giraba alrededor del sol.

La gente no quería creer a Galileo. Lo que él defendía iba en contra de las enseñanzas de la Iglesia Católica Romana, que estaba convencida de que la Tierra era el centro del universo. Sin embargo, gracias a los libros que Galileo escribió, sus teorías se difundieron por toda Europa, preparando el terreno para cientos de años de descubrimientos espaciales por venir.

Hoy en día, los telescopios son incluso mejores que los de la época de Galileo… ¡y también mucho más grandes! Los telescopios mayores se encuentran en los observatorios, lugares en donde se estudia el espacio exterior y todo lo que hay en él (cometas, planetas y, por supuesto, estrellas). Los observatorios suelen construirse lejos de las ciudades, porque los grandes núcleos urbanos, con sus edificios, oficinas, farolas y coches, concentran y emiten demasiada luz. Para ver bien las estrellas, lo mejor es estar en algún lugar oscuro bajo un cielo muy despejado.

Algunos observatorios están en el desierto.

Otros, en lo alto de las montañas.

Los hay en islas muy remotas.

Y ciertos observatorios se encuentran en el espacio.

Los observatorios del espacio tienen vistas increíbles, pero, cuando algo no funciona, ¡arreglarlos es una lata!

Si os decidís a visitar un observatorio, puede que lleguéis a conocer a los científicos que trabajan allí. Los científicos que estudian las estrellas, el espacio y el universo se llaman astrónomos.

Entre los científicos famosos que han contribuido a nuestro conocimiento del universo están Galileo Galilei, Isaac Newton, Albert Einstein y, más recientemente, Stephen Hawking. No lo han explicado todo. El universo aún contiene muchos secretos y los astrónomos siguen trabajando para descubrirlos.

Historias en las estrellas

Hace mucho tiempo, al levantar la mirada hacia el cielo nocturno, la gente veía patrones en las estrellas, formaciones que les recordaban a figuras que conocían, tales como animales, dioses y héroes. Esos patrones de estrellas reciben el nombre de «constelaciones». Hace apenas cien años, un grupo de científicos se reunió y seleccionó un total de **88** constelaciones que se reconocieron oficialmente para que

HEMISFERIO
NORTE

todo el mundo pudiera referirse a las estrellas del mismo modo. Qué estrellas vemos depende de dos cosas: la época del año en la que estemos y la parte de la Tierra desde la que observemos. De hecho, las estrellas que se ven desde la mitad norte del mundo son distintas de las que se aprecian desde la mitad sur. La mitad norte y la mitad sur se conocen, respectivamente, como «hemisferio norte y hemisferio sur».

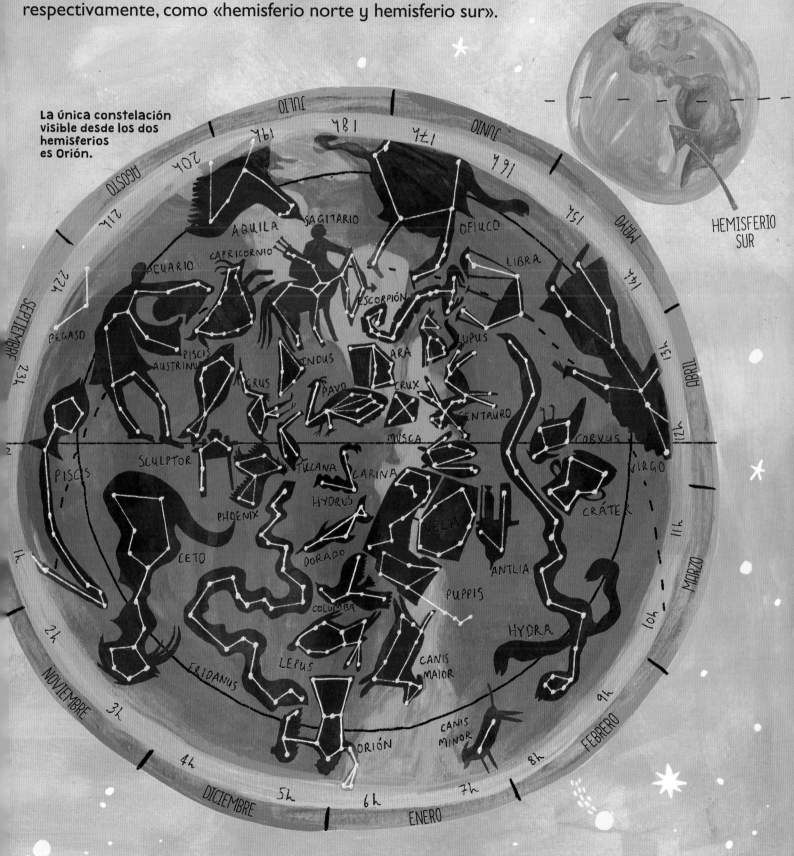

La única constelación visible desde los dos hemisferios es Orión.

HEMISFERIO SUR

A lo largo de la historia, los humanos hemos creado relatos sobre los patrones de las estrellas que reconocemos en el cielo. Los antiguos griegos bautizaron las constelaciones con los nombres de los personajes de sus mitos. Pegaso es, por ejemplo, un caballo volador. Mientras que Orión es un cazador gigante que levanta su garrote y su escudo, y Leo es el león que mató Hércules, uno de los antiguos héroes griegos más famosos. Todavía hoy se siguen usando esos nombres griegos para referirnos a esas constelaciones.

PEGASO

ORIÓN

CINTURÓN DE ORIÓN

LEO

El cinturón de Orión es un asterismo. Es decir, un patrón de estrellas que no forma una constelación completa.

La gente del sur de África también reconoció figuras de animales en las estrellas. Por ejemplo, identificaron a cuatro jirafas en el grupo de estrellas conocido como «Cruz del sur».

Y vieron tres cebras huyendo a galope de un cazador en la colección de estrellas denominada «Cinturón de Orión».

Ya en el hemisferio sur, los antiguos aborígenes australianos distinguieron a un enorme emú flotante en las nubes oscuras de la Vía Láctea. El emú (un ave similar al avestruz) persigue a una comadreja llamada Bunya, que se encarama a un árbol para ponerse a salvo.

Las historias que suceden en las estrellas han ayudado a la gente a comprender el misterioso cielo nocturno y se han transmitido de generación en generación.

Si queréis observar las constelaciones, levantad la vista hacia el cielo en cualquier noche despejada. He aquí algunos consejos para contemplar los astros. Recordad siempre pedir ayuda a algún adulto.

★ Esperad a que anochezca y alejaos de las luces de la ciudad. Dad tiempo a vuestros ojos para que se acostumbren a la oscuridad.

★ Encaramaos a un punto bien alto. A veces, los edificios bloquean parte del cielo. Cuanto más elevados estéis, mejores vistas obtendréis.

★ Comprobad el pronóstico del tiempo. Los cielos despejados resultan ideales para contemplar los astros. Y no salgáis las noches de lluvia o nieve. Las nubes os impedirán ver las estrellas.

★ Preparad una linterna de luz roja: cubrid el extremo iluminado con un papel rojo y fijadlo con una goma. Una linterna de luz roja os ayudará a ver en la oscuridad sin interferir vuestra visión nocturna mientras contempláis las estrellas.

★ ¡Abrigaos bien! Cuando mejor se ve el cielo es en las noches de invierno frías y despejadas.

★ No salgáis a observar las estrellas las noches de luna llena. La luna desprende mucha luz y eso dificulta la visión de las estrellas. Tratad de contemplar las estrellas cuando la luna no sea más que una fina rodaja.

★ Conseguid un mapa estelar. Un mapa estelar es exactamente eso: ¡un mapa de las estrellas! Os ayudará a identificar las estrellas que veis en el cielo. Podéis encontrarlos en libros, imprimiros uno o bajaros una aplicación para el móvil, pero preguntadle antes a un adulto.

Veo la luna

¿Alguna noche habéis visto filtrarse una luz plateada por entre las cortinas? Corredlas y probablemente descubráis la luna llena. Es el astro más brillante del cielo nocturno. La luna es casi tan antigua como el planeta Tierra.

La Tierra es cuatro veces más grande que la luna, así que si nuestro planeta fuera una pelota de baloncesto, la luna tendría más o menos el tamaño de una pelota de tenis. La luna se creó en los primeros tiempos del sistema solar, cuando la Tierra era joven.

Los astrónomos creen que, hace cuatro mil quinientos millones de años, la Tierra y un planeta llamado Tea chocaron entre sí…

Como resultado de esa tremenda colisión, la Tierra y Tea se unieron para formar un solo planeta, al mismo tiempo que se creaba en torno una descomunal nube de polvo, gas y rocas. Hasta que todo ello empezó a enfriarse…

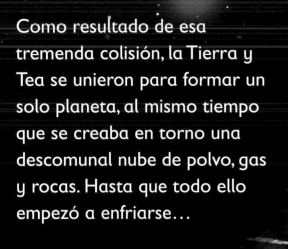

¡FIZZZ!

¡WIZZZ!

Las rocas, el polvo y el gas giraban muy, muy deprisa alrededor de la joven Tierra.

Mientras lo hacían, las piezas chocaban unas con otras y, con el tiempo, se unieron entre sí para formar la joven luna. Gradualmente, la luna se fue endureciendo y se convirtió en una pequeña bola de roca.

Algunos científicos denominan a esta explicación ¡la «teoría del

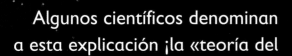

GRAN IMPACTO>>!

Desde la Tierra, la luna muestra un aspecto redondo y pulido como el mármol. Sin embargo, si la miramos con más atención en una noche despejada, descubriremos las marcas que han dejado en su superficie las rocas que han ido chocando contra ella durante más de mil millones de años. Después de recibir tantos golpes, se han creado montañas imponentes y pendientes enormes llamadas «cráteres».

Las partes más oscuras se conocen con el nombre de «maria», la palabra latina para referirse a los mares. En el pasado, los astrónomos creían que había habido agua en la luna, pero que se había acabado secando. Ahora ya saben que eso no fue así. Entre 4.200 y 1.200 años atrás, cuando todavía era joven, la luna tenía volcanes que escupían roca líquida denominada «lava». Cuando la lava se enfrió, formó la maria.

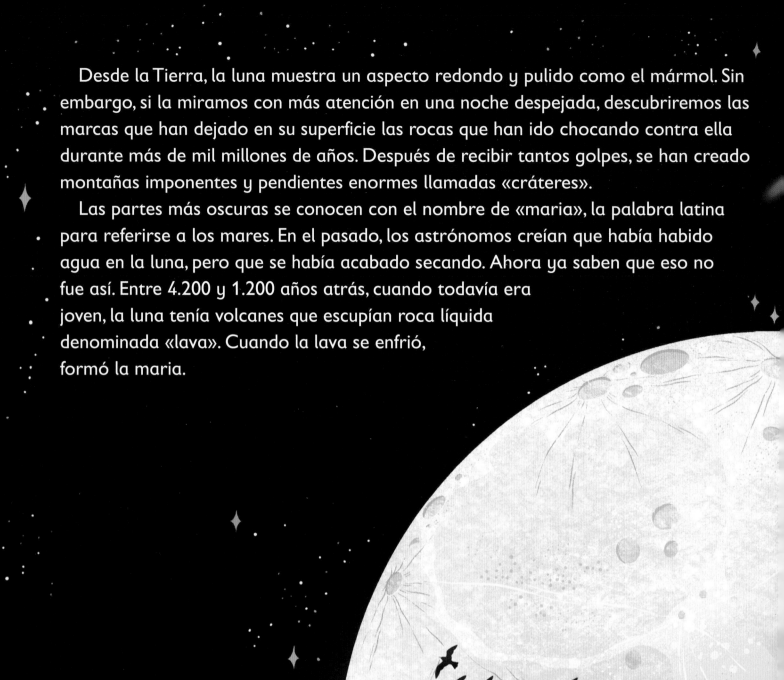

Aparte de montañas y cráteres, en la luna no encontramos mucho más. Si buscáis árboles, agua o incluso nubes, olvidaos. Puede que descubráis una pequeña cantidad de hielo antiguo en algunos cráteres de los polos sur y norte, pero poco más. Esta bola de piedra está cubierta por un material polvoriento llamado «regolito», formado simplemente a partir de la amalgama de polvo y roca viejos.

Por la noche, la luna es más fría de lo que podríais imaginar. En cambio, cuando luce el sol, llega a alcanzar los 120 grados, por encima de la temperatura de ebullición. No hay aire en la luna, de ahí que, para caminar por encima de su superficie, los astronautas tengan que llevar trajes especiales.

Sin agua, ni nubes, ni aire, ni vida, la luna lleva miles de millones de años sin cambiar de aspecto en el cielo nocturno.

Desde la Tierra, solo vemos una parte de la luna. La llamamos el «lado cercano» porque es el que está encarado hacia la Tierra. La cara oculta de la luna que nunca vemos se conoce como el «lado oscuro». A veces, la cara próxima de la Luna está iluminada y la que queda más lejos, a oscuras; otras veces, ocurre lo contrario. La línea donde la luz y la sombra se encuentran se llama «terminador».

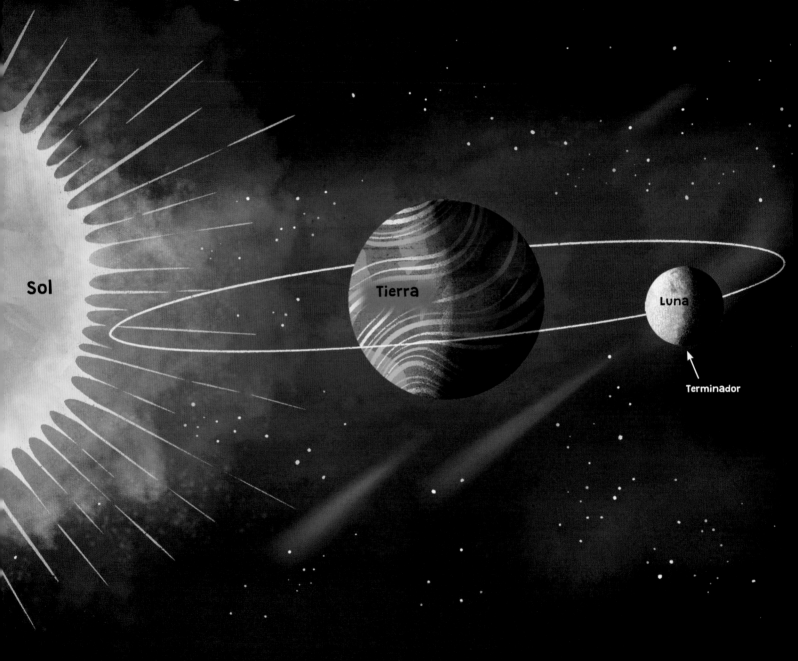

Sol

Tierra

Luna

Terminador

A pesar de que la luna brilla con intensidad en el cielo nocturno, carece de luz propia. Lo que vemos es la luz del sol reflejada en la superficie lunar.

La luna gira muy despacio: tarda 27 días en dar una vuelta entera sobre sí misma. ¡Esto significa que un día lunar son 27 días terrestres! Mientras rota, la luna también se desplaza alrededor de la Tierra en una trayectoria llamada «órbita». De igual modo, la luna tarda aproximadamente 27 días en completar una órbita alrededor de la Tierra.

¿Alguna vez os habéis fijado en que la luna cambia un poco de forma cada día?
A veces parece una moneda plateada. Otras ¡es como un plátano brillante! Se trata
de un efecto de la luz. Cuando la luna se desplaza alrededor de la Tierra, el sol
ilumina partes diferentes de su superficie. La parte de la luna que vemos cambia a
diario poco a poco, y sus distintas formas se denominan «fases».

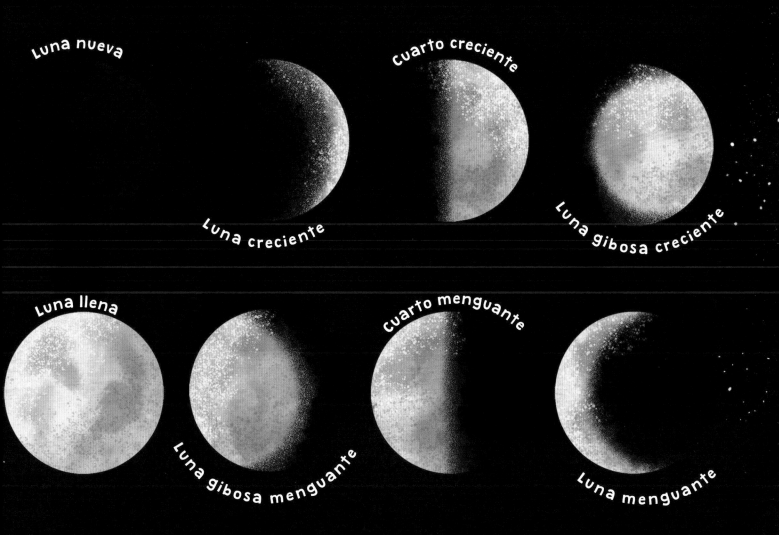

Cuando el sol ilumina toda la cara oculta de la luna, la cara visible aparece oscura.
Es la luna nueva. A veces, la luna se parece a un plátano brillante. Es la luna creciente.
La fase de los cuartos sucede en el momento en que la mitad de la cara que vemos
está iluminada y la luna gibosa, si está iluminada más de la mitad.
Cuando parece que la luna va aumentando de tamaño, decimos que está «en fase
creciente». Pero si se hace más pequeña, decimos que está «en fase menguante».
Tenemos luna llena desde el instante en que el sol ilumina toda la cara visible
de la luna.
¿Qué fase de la luna veis hoy?

Llévame a la luna

Hace unos 400 años, en Padua, un pueblo de Italia, vivía un hombre llamado Galileo Galilei. Le encantaban las matemáticas y daba clase en la Universidad de Padua. Durante su tiempo libre, se dedicaba a estudiar la luna y el cielo nocturno.

Una noche de otoño de 1609, Galileo observó el astro con la ayuda de un potente telescopio que había construido él mismo. Lo que vio lo dejó sin habla. La luna no era lisa, como pensaba tanta gente, sino rugosa: ¡tenía montañas y cráteres!

Nadie hasta entonces había visto la luna con tanto detalle. Galileo hizo dibujos de lo que había observado: fueron las primeras imágenes que se crearon de su auténtico aspecto.

Unos 300 años después de que Galileo observara la luna a través de su telescopio, un visionario llamado Robert Goddard tuvo la idea de mandar al espacio un cohete con tripulantes a bordo. Por aquel entonces, mucha gente pensó que Goddard había perdido la cabeza. ¡Nadie había estado nunca antes en el espacio!

Goddard fue un estupendo inventor que construyó el primer cohete propulsado por combustible líquido; se lanzó en 1926. A pesar de que su cohete no alcanzó grandes alturas en el espacio ni llevó a gente a bordo, sirvió de inspiración para otros inventores.

Con los años, fueron muchos los cohetes que surcaron el espacio, pero ninguno con tripulantes. Esto cambió en 1961, cuando un cosmonauta ruso, Yuri Gagarin, voló alrededor de la Tierra a bordo de un cohete llamado Vostok 1. Tuvieron que pasar otros ocho años antes de que alguien aterrizara con éxito sobre la superficie lunar.

Neil Armstrong y Buzz Aldrin plantaron la bandera de Estados Unidos en la luna.

Buzz Aldrin

Los astronautas llevaban trajes especiales para protegerse del calor y del frío extremos. Los trajes también les proporcionaban oxígeno para que pudieran respirar porque en el espacio no hay aire.

En julio de 1969, la nave espacial americana Apollo 11 se elevaba en el espacio con tres astronautas a bordo: Neil Armstrong, Buzz Aldrin y Michael Collins. Armstrong pisó la superficie de la luna y dio en ella los primeros pasos, seguido de cerca por Aldrin. (Collins, en cambio, se quedó orbitando alrededor de la luna). ¡Así que, después de todo, la idea de Goddard de llevar a personas al espacio no resultó tan descabellada!

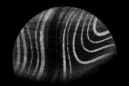

¡Bonitas vistas!

¡El Águila ha aterrizado!

Neil Armstrong

Un vehículo especial denominado «módulo lunar» trasladó a Armstrong y Aldrin a la superficie de la luna. Los astronautas lo llamaron El Águila.

Las botas de los astronautas dejaron pisadas nítidas en la luna. Las huellas todavía siguen allí.

175

Solo doce personas han pisado la luna desde ese famoso día de 1969, pero son muchos los hombres y las mujeres que han llevado a cabo el asombroso viaje al espacio. Algunos astronautas incluso viven allí, en una estación espacial. De hecho, suele haber siempre unas seis personas a bordo de la Estación Espacial Internacional. Hacen importantes experimentos mientras orbitan alrededor de nuestro planeta y mandan los resultados que obtienen a los científicos de la Tierra para su posterior estudio.

En 2018, China mandó un cohete al lado oculto de la Luna. Envió unas fotos increíbles acerca de un cráter enorme, uno de los más grandes de todo el sistema solar.

Moon Village

Los científicos esperan usar impresoras 3D para construir edificios con polvo lunar.

Puede que los científicos exploren la superficie de la luna en vehículos espaciales con enormes ruedas dentadas para asegurar su agarre.

No tardaremos mucho en volver a presenciar el lanzamiento de un cohete hacia la luna. Los científicos y los astrónomos ya hablan de la posibilidad de construir en un futuro próximo una *Moon Village* (Poblado lunar). Si levantamos una estructura permanente en la luna, los científicos podrán llevar a cabo experimentos desde allí, y los astronautas, usarla como base para explorar otros planetas. Se harían viajes muy largos: ¡volar de la luna a Marte, por ejemplo, requeriría nueve meses! E imaginad cómo sería la vida para la gente que viviera en la propia luna… ¡Quién sabe!, quizá fuera parecida a la nuestra.

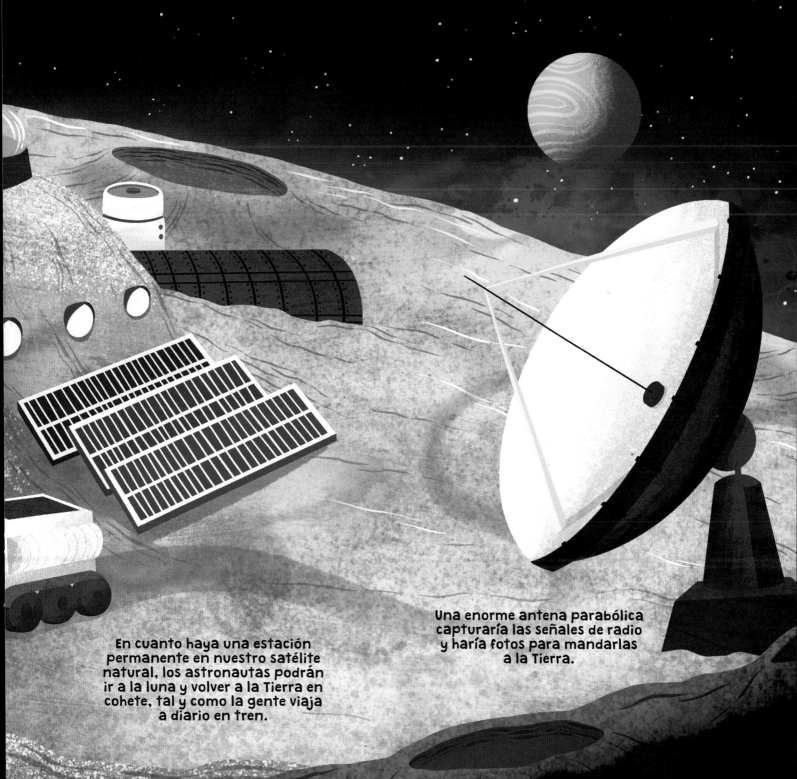

En cuanto haya una estación permanente en nuestro satélite natural, los astronautas podrán ir a la luna y volver a la Tierra en cohete, tal y como la gente viaja a diario en tren.

Una enorme antena parabólica capturaría las señales de radio y haría fotos para mandarlas a la Tierra.

177

Misterios de la luna

¿Por qué nos fascina tanto la luna? Parte de su misterio parece proceder del hecho de que cambia continuamente. En ocasiones, incluso se pone roja.

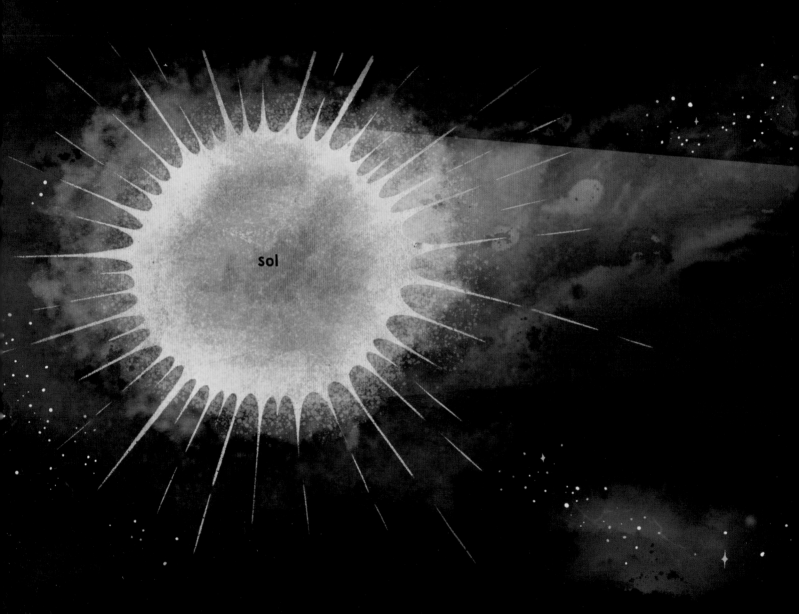

sol

Un par de veces al año, ocurre algo bastante especial. La Tierra y la luna se alinean con el sol. Cuando esto sucede, la Tierra bloquea la luz del sol y proyecta una sombra larga y oscura sobre la luna. Este acontecimiento se llama «eclipse lunar». Como la luna parece roja durante el eclipse, a veces se la conoce bajo el nombre de «luna de sangre».

En la Antigüedad, la visión de la luna asombraba a la gente. Se preguntaban de dónde procedía y también si habría criaturas viviendo allí. Cuando se producía un eclipse lunar y veían que la luna se volvía roja, se asustaban, temerosos de que algo terrible fuera a suceder. Para explicarse este extraño fenómeno, se inventaban historias que, luego, transmitían de generación en generación.

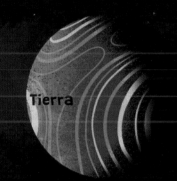

Tierra

Luna

**Cuando la Tierra bloquea la luz del sol,
¡la luna adquiere el color rojo de la sangre!**

Sombras lunares

A medida que la Tierra se va moviendo entre el sol y la luna, proyecta una sombra que se desliza lentamente sobre la faz de la luna.

Nuestros antepasados incorporaron a sus vidas estas historias sobre la luna, y hoy en día todavía siguen contándose alrededor del mundo.

En China, por ejemplo, Chang'e es la diosa de la luna. Cuenta la leyenda que el marido de Chang'e le pidió que le guardara un brebaje. Al parecer, cualquiera que se lo tomara viviría para siempre. Un día, cuando su marido no estaba, uno de sus estudiantes trató de robarle la poción y, para evitarlo, Chang'e se la bebió. Entonces, la diosa flotó hasta la luna, donde todavía vive hoy en día, velando por el mundo.

El pueblo inca de Sudamérica vivió hace 500 años. Creían en Mama Quilla, la madre de la luna. Los incas estaban convencidos de que cuando se producía un eclipse lunar, una criatura feroz atacaba Mama Quilla. Los incas agitaban entonces sus lanzas y hacían aullar a sus perros para espantar de una vez por todas a esa criatura.

Togo y Benin son dos países al oeste de África en los que vive el pueblo batammaliba. Según cuentan estas gentes, un día los habitantes de este pueblo empezaron a luchar con furia entre sí. Las primeras dos madres, Puka Puka y Kuiyecoke, trataron de apaciguarlos, pero no las escucharon. Las madres oscurecieron, entonces, el sol y la luna, provocando un eclipse. Los habitantes del pueblo se asustaron tanto que dejaron de pelearse ¡y se reconciliaron! Hoy en día, asocian los eclipses con momentos en los que hacer las paces con la familia, los amigos y los vecinos.

Nanas del mundo entero

¿Sabíais que podíais oír la voz de vuestra madre antes de nacer? Pues sí, a las 24 semanas, cuando apenas teníais el tamaño de un melón cantalupo, podíais oír su voz, tranquilizándoos mientras crecíais en su vientre. De hecho, aunque un bebé sea sordo, también puede sentir vibrar la voz de su madre en su cuerpo diminuto.

Desde tiempos inmemoriales, los pueblos de todo el mundo les han cantado nanas a sus bebés para calmarlos. Lo que esos padres sabían por instinto, y lo que los científicos han demostrado recientemente, es que el canto reduce el ritmo de los latidos del corazón del niño y lo prepara para descansar.

No es preciso tener una voz hermosa para conseguir que se obre esta magia. Lo único que se necesita es una tonalidad amorosa y amable, y una melodía rítmica. ¡Ah, y quizá recibir algún que otro arrumaco!

No se es nunca demasiado mayor para que te canten, así que si estáis un poco nerviosos, o no conseguís dormir, tratad de escuchar una de estas canciones de cuna procedentes del mundo entero.

«Hush, little baby» (Chist, mi bebé)

(Canción de cuna norteamericana)

Hush, little baby, don't say a word,
Papa's gonna buy you a mockingbird.
And if that mockingbird don't sing,
Papa's gonna buy you a diamond ring.
And if that diamond ring is brass,
Papa's gonna buy you a looking glass.
And if that looking glass gets broke,
Papa's gonna buy you a billy goat.
And if that billy goat don't pull,
Papa's gonna buy you a cart and bull.
And if that cart and bull turn over,
Papa's gonna buy you a dog called Rover.
And if that dog called Rover don't bark,
Papa's gonna buy you a horse and cart.
And if that horse and cart turn round,
You'll still be the sweetest little babe in town,
Still be the sweetest little babe in town.

Chist, mi bebé, no digas nada.
Papá te comprará un ruiseñor.
Y si el ruiseñor no canta,
papá te comprará un anillo de diamantes.
Y si el anillo de diamantes es de latón,
papá te va a comprar un espejo.
Y si el espejo se rompiera,
papá te comprará un macho cabrío.
Y si el macho cabrío no tira,
papá te comprará un carro y un buey.
Y si el carro y el buey vuelcan,
papá te comprará un perrito llamado Rover.
Y si el perrito llamado Rover no ladra,
papá te comprará un caballo y un carro.
Y si el caballo y el carro se rompen,
seguirás siendo el bebé más dulce del pueblo,
seguirás siendo el bebé más dulce del pueblo.

«Fais dodo, Colas, mon p'tit frère»
(Ve a dormir, Colas, hermanito)

(Canción de cuna francesa)

Fais dodo, Colas mon p'tit frère

Fais dodo, t'auras du lolo

Maman est en haut

Qui fait du gâteau

Papa est en bas

Qui fait du chocolat

Fait dodo, Colas mon p'tit frère

Fait dodo, t'auras du lolo.

Ve a dormir, Colas, hermanito,
ve a dormir, y tendrás tu leche.
Mamá está arriba,
preparando un pastel.
Papá está abajo,
haciendo chocolate caliente.
Ve a dormir, Colas, hermanito,
ve a dormir, y tendrás tu leche.

«Iny hono izy ravorombazaha»
(Dijo que era un desastre)

(Canción de cuna malgache)

Iny hono izy ravorombazaha

Ento misidina mankany antsaha

Ento misidina ambony

Rahefa mangina avereno,

O o o o o, oooooo.

Aquí está mi bebé.
Oh, hermoso pájaro extranjero,
llévatelo volando por el campo,
arriba, arriba en el cielo.
Cuando esté tranquilo, devuélvemelo,
Ooo, ooo.

Arrorró mi niño

(Canción de cuna latinoamericana)

Arrorró mi niño,
arrorró mi sol,
arrorró pedazo
de mi corazón.

Este niño lindo
ya quiere dormir;
háganle la cuna
de rosa y jazmín.

«Edo komoriuta»

(Canción de cuna Edo)

Nennen korori yo, Okorori yo.
Bōya wa yoi ko da, Nenne shina.

Bōya no omori wa, Doko e itta?
Ano yama koete, Sato e itta.

Sato no miyage ni, Nani morotta
Denden taiko ni, Shō no fue.

Chist, chist, chist,
duérmete, mi niño.
¿Adónde ha ido la niñera de mi niño?
Al otro lado de la montaña, a su casa.
Como recuerdo de su hogar,
¿qué te ha traído?
Un tambor de juguete
y una flauta shô.

Sobre las autoras e ilustradoras

El cielo nocturno está lleno de estrellas y ¡este libro, también! Nos sentimos muy agradecidos a todas las autoras e ilustradoras que han iluminado estas páginas con sus brillantes historias y dibujos.

AUTORAS

Jackie McCann ha trabajado en publicaciones infantiles durante varios años, y es una escritora y editora con mucha experiencia. Se ha especializado en libros de no ficción para niños y trabaja con autores, ilustradores y diseñadores brillantes para crear libros infantiles innovadores. Son obra de Jackie: «Una noche ajetreada en el hospital», «Los reparadores nocturnos», «¡Corriendo al mercado!», «Veo la luna», «Llévame a la luna» y «Misterios de la luna».

Jen Arena trabajaba de directora editorial en la sección juvenil de Random House y ahora dedica todo su tiempo a escribir. Ha escrito varios libros para niños, tanto de ficción como de no ficción, entre ellos, *Lady Liberty's Holiday*, *Long Tall Lincoln*, *Pink Snow and ther Weird Weather*, *Besos for Baby*, y *Marta! Big and Small*. Vive en Florida, Estados Unidos. Son obra de Jen: «De la madrugada al anochecer», «El sol de medianoche», «La aurora boreal», «Un viaje a las estrellas», «Contemplar los astros», e «Historias en las estrellas».

Rachel Valentine es autora de varios libros ilustrados para niños, entre ellos, las series de Marmaduke. Vive y trabaja en Kent, con su familia y su perro, Scout. Son obra de Rachel: «¿Por qué dormimos?», «¿Qué son los sueños?», «Hora de acostarse», «Las camas del faraón Tutankamón», «Camas del mundo entero», «¡Caliente como una tostada!», «Dormir en el espacio», «Dormir colgados», «Dormir en marcha».

Sally Symes ha trabajado durante muchos años como diseñadora de libros infantiles y luego dedicó su talento a escribirlos. Sus colaboraciones con Nick Sharratt le han valido varios premios, entre ellos, el Educational Writer's Award por *The Goey, Chewy, Rumble,*

Plop Book y The Southampton Favourite Book to Share Award por *Veo, veo una cosa de color… azul*. Trabaja desde un cobertizo en Sussex, acompañada por su gato gruñón. Son obra de Sally: «¡Dormilones de campeonato!», «Camas que baten récords», «Cazadores nocturnos», «Dormir para sobrevivir», «Camas de agua», «¿Cómo consiguen dormir?», «El invierno de un oso *grizzly*», «Hibernantes excepcionales», «Nanas del mundo entero».

ILUSTRADORAS

Amy Grimes es una ilustradora afincada en Londres, cuyos trabajos están llenos de colores brillantes y texturas suaves con el fin de reflejar los patrones naturales de los temas que trata. Amy crea sus ilustraciones digitalmente, usando una gran variedad de texturas pintadas a mano que luego escanea y reúne para crear *collages* digitales. Amy ha ilustrado la cubierta y las páginas 166-181.

Anneli Bray es una ilustradora que reside en el noroeste de Inglaterra. Siendo muy pequeña, a menudo se la encontraban pintando historias sobre animales y criaturas mágicas, creando libros sobre ponis y leyendo de forma voraz. Desde entonces, se ha graduado con matrícula de honor en ilustración, ha sido librera y ha viajado al otro extremo del mundo. Anneli ha seguido ilustrando historias bajo el influjo de su amor por los animales y la aventura. Anneli ha ilustrado las páginas 118-149.

Christine Cuddihy es una ilustradora afincada en Leamington Spa, titulada en Bellas Artes. Christine empezó a trabajar digitalmente, centrándose en la textura, el color y los grafismos. Vive entre una colección enorme de libros infantiles, con su esposo y su querido hámster, y no es capaz de rechazar un pedazo de tarta. Christine ha ilustrado las páginas 38-53 y 182-185.

Jacqui Lee's centra sus ilustraciones en contar una serie de historias que se inspiran en el mundo que la rodea. Su trabajo pretende dibujar una sonrisa en la cara de la gente. Le encanta el aspecto textural, hecho a mano, del *gouache* y siempre lleva consigo un cuaderno de bocetos. Es exalumna de la Alberta University of the Arts y nació en Canadá. Ahora, sin embargo, vive en Londres. Jacqui ha ilustrado las páginas 22-37.

Joanne Liu creció en Hong Kong y se licenció en Diseño Gráfico en la Universidad de Michigan. Recibió una mención especial del Bologna Ragazzi Book Awards en 2018 por su primer libro para niños, *Mi museo*. Su segundo libro, *My City*, salió al mercado en 2019. Joanne ha ilustrado las páginas 86-101 y la página 192.

Katie Rewse es una ilustradora que vive en Bournemouth, donde cursó tanto su licenciatura como su máster en ilustración. Katie busca la inspiración en el exterior, los viajes y la aventura. Cuando no está dibujando, le gusta explorar la costa con su marido y su autocaravana. Katie ha ilustrado las páginas 102-117.

Katie Wilson reside y trabaja en la Isla Sur de Nueva Zelanda, en una antigua casita construida para los trabajadores del ferrocarril. Crea trabajos artísticos para adultos y para niños, y sus ilustraciones son dulces, alegres y tienen un toque muy artesanal. Kate ha ilustrado las páginas 70-85.

Maddy Vian es una ilustradora y directora de arte que vive junto al mar, en Kent. Se licenció en la especialidad de Dibujo animado y ha trabajado en una gran variedad de proyectos creativos, desde libros infantiles hasta vídeos musicales. Maddy mezcla el arte digital con texturas hechas a mano para conseguir una imagen juguetona. Le encanta crear trabajos que celebren el carácter positivo, la diversidad y que reflejen su compromiso ético. Maddy ha ilustrado las páginas 6-21.

Natalie Smillie es una ilustradora afincada en Devon. Su inspiración procede de los paseos que da con su perro por el suroeste, y de las plantas y los animales del campo que viven alrededor. Le encanta reinventar cubiertas para libros famosos. Pinta digitalmente, pero le gusta usar pinceles tradicionales para crear texturas y darle más profundidad a su trabajo. Natalie ha ilustrado las páginas 54-69.

Olivia Holden es una ilustradora de Lancashire. Desde que se graduó, ha trabajado en una gran variedad de proyectos de libros; esta, sin embargo, es su primera incursión en el espacio exterior. Trabaja con una mezcla de *gouache*, lápices y ceras para crear diferentes texturas y dotar a su trabajo de un juego pictórico orgánico. Olivia ha ilustrado las páginas 150-165.

Glosario

anfibio: animal de sangre fría (como una rana o un sapo) que tiene espina dorsal y que, de joven, suele vivir en el agua y, de adulto, en tierra.

astronauta: persona que viaja por el espacio en una nave espacial.

astrónomo: persona que estudia el espacio exterior y los objetos que hay en él.

cohete: vehículo propulsado por un motor de reacción.

cráter: agujero en la superficie de un planeta o luna resultante de un gran impacto.

depredador: animal que se alimenta matando y comiéndose a otros animales.

eje: línea recta imaginaria alrededor de la que rota algo (como un planeta).

especie: grupo de seres vivos que tienen unas características en común y son capaces de reproducirse entre ellos.

estrella: cualquiera de los cuerpos celestes (salvo los planetas) que pueden verse por la noche y que tienen el aspecto de puntos luminosos estáticos.

galaxia: ingente grupo de estrellas, gas y polvo espacial.

gravedad: fuerza que atrae las cosas que hay en la superficie de la Tierra hacia su centro.

hemisferio: una mitad de la Tierra.

lunar: que tiene que ver con la luna.

mamífero: animal de sangre caliente que tiene espina dorsal, alimenta a sus pequeños con la leche que produce la madre y cuya piel está cubierta de pelo casi por completo.

mucosidad: sustancia espesa, resbaladiza y pegajosa que recubre partes del cuerpo para humedecerlas y protegerlas.

nana: canción de cuna pensada para ayudar a dormir a los niños.

observatorio: lugar que tiene instrumentos (como los telescopios) para observar objetos del espacio.

órbita: trayectoria que describe un cuerpo en el espacio al moverse alrededor de otro cuerpo celeste.

oxígeno: elemento químico necesario para la vida que se encuentra en el aire y que carece de sabor y olor.

planeta: gran cuerpo celeste que orbita alrededor de una estrella como, por ejemplo, el sol.

presa: animal que es perseguido y cazado por otro animal que va en busca de comida.

primate: animal que pertenece al grupo de los mamíferos que incluye a los simios, los monos y los humanos.

sabana: extensión de tierra situada en algunas partes cálidas del mundo (como África) que está cubierta de hierba y en la que crecen solo unos pocos árboles y arbustos.

satélite: [1] cuerpo espacial que gira alrededor de un planeta; [2] objeto o vehículo destinado al espacio para que gire alrededor de la Tierra, la luna o un planeta.

sistema solar: el sol y los planetas, asteroides, cometas y meteoritos que giran a su alrededor.

sueño REM (*rapid eye movement* o «movimientos oculares rápidos»): periodo del sueño que se caracteriza por un rápido movimiento de los ojos, durante el cual una persona sueña.

universo: todo lo que hay en la Tierra y el espacio, concebido como parte de un único sistema.

útero: es el órgano del cuerpo femenino de los mamíferos en el que los pequeños se desarrollan antes de nacer.

Vía Láctea: ancha franja luminosa que cruza el cielo y que es producto de la luz que despide un gran número de estrellas.

Las definiciones son cortesía de Merriam-Webster.

Fuentes

Todas las páginas de este libro han sido revisadas por el equipo de la Enciclopedia Británica y los autores han sacado la información para sus investigaciones de los artículos de britannica.com. También han recurrido a otras publicaciones y artículos, de modo que querrían dejar constancia de que han consultado las siguientes fuentes para la elaboración del presente libro:

PÁGINAS WEB

www.astronomy.com

www.bbc.com

www.bear.org/brown-grizzly-bear-facts

www.britishmuseum.org

www.guinnessworldrecords.com

www.ice.org.uk

www.iwm.org.uk

http://mathshistory.st-andrews.ac.uk

www.mhs.ox.ac.uk

www.nasa.gov

www.nationalgeographic.com

www.nhs.uk

www.ripleys.com

www.smithsonianmag.com

www.tideway.london/the-tunnel

LIBROS

BRYSON, B., *El cuerpo humano: Guía para ocupantes*, Barcelona, RBA, 2020.

HAWASS, Z., *Tutankhamon. Los tesoros de la tumba*, Madrid, Akal, 2008.

MORTON, O., *The Moon: A History for the future*, Londres, Economist Books, 2019.

RIDPATH, I., *Astronomía. Guías visuales*, Madrid, Espasa Calpe, 2007.

WALKER, M., *Por qué dormimos: La nueva ciencia del sueño*, Barcelona, Paidós, 2019.

Índice

Papel certificado por el Forest Stewardship Council®

MIXTO
Papel procedente de
fuentes responsables
FSC® C117695

Penguin
Random House
Grupo Editorial

Título original: *5-Minute Really True Stories for Bedtime*

Primera edición: octubre de 2022

Publicado por acuerdo con The Rights Solution e IMC Literary Agency

Publicado originalmente en el Reino Unido
por Britannica Books, un sello de What on Earth Publishing,
en colaboración con Britannica, Inc., en 2020.
Todos los derechos reservados.

© 2020, What on Earth Publishing Ltd. y Britannica, Inc.
Texto de Jackie McCann, Jen Arena, Rachel Valentine y Sally Symes
© 2022, Penguin Random House Grupo Editorial, S. A. U.
Travessera de Gràcia, 47-49. 08021 Barcelona
© 2022, Mireia Rué Gòrriz, por la traducción

Ilustraciones de interior (el editor quiere aclarar que no han sido realizadas a escala): pp. 166-181:
© 2020, Amy Grimes; pp. 118-149: © 2020, Anneli Bray; pp. 38-53 y 182-185: © 2020, Christine Cuddihy;
pp. 4-5 y 22-37: © 2020, Jacqui Lee; pp. 86-101 y 192: © 2020, Joanne Liu; pp. 102-117: © 2020, Kati
Rewse; pp. 70-85: © 2020, Katie Wilson; pp. 6-21: © 2020, Maddy Vian; pp. 54-69: © 2020, Natalie
Smillie; pp. 150-165: © 2020, Olivia Holden

Imagen de cubierta: © 2020, Amy Grimes
Diseño de cubierta: adaptación del original de Lookatcia
para Penguin Random House Grupo Editorial.

Printed in Spain – Impreso en España

ISBN: 978-84-272-2433-9
Depósito legal: B-13.674-2022

Compuesto en Aura Color Digital, S. L.
Impreso en Talleres Gráficos Soler
Esplugues de Llobregat (Barcelona)

MO 24339

PINTURA NOCTÁMBULA
NOCTÁMBULO